T0348717

El Sol

CAROLINA SANÍN

El Sol

RANDOM HOUSE

Papel certificado por el Forest Stewardship Council®

Primera edición: septiembre de 2024

© 2022, Carolina Sanín
© 2022, de la presente edición en castellano para todo el mundo:
Penguin Random House Grupo Editorial, S.A.S., Bogotá
© 2024, Penguin Random House Grupo Editorial, S.A.U.
Travessera de Gràcia, 47-49. 08021 Barcelona

Fotografía de mesa y sillas: © John Keeble, Geetty Images
Fotografía de pájaro: © Félix Uribe CC BY-SA 2.0, vía Wikimedia Commons

Una versión previa de «De dónde ser» apareció en el *Libro de creencias* del 43 Salón Nacional
de Artistas de Colombia. Una versión de «Lujos» se publicó en *The London Magazine*.
Partes de «Primeros días» se publicaron en la revista *Matera* y, otras partes, en *Traviesa*.
Una versión de «Un amigo» se publicó en *Matera*. Una versión preliminar de «Maraña» apareció en
la antología *Uñas y dientes de Traviesa*. Una primera versión de «Dámaso» se publicó en la
Revista de la Universidad de Antioquia. Partes de «La ayuda» salieron en el catálogo de una
exposición de Juana Anzellini. «Enterrar al enemigo» se publicó en la revista *Dossier*.
Una versión anterior de «Galaxias» apareció en *Matera*. La traducción de la cita de las *Mil y
una noches* es de Juan Vernet. La traducción de las citas de la Biblia es de la Biblia de Jerusalén.

Printed in Spain – Impreso en España

ISBN: 978-84-397-4437-5
Depósito legal: B-11.303-2024

Impreso en Liberdúplex, S. L.
(Sant Llorenç d'Hortons, Barcelona)

RH44375

El escudo

Aquiles, el guerrero, tenía una madre inmortal que lo había tenido, que aparecía en sueños, vivía en el mar y escuchaba a su hijo desde lejos, cuando él le hablaba llorando, y a la vez lo escuchaba muy de cerca, en ella misma. El hijo se le quejaba y le imploraba, y tenía además un padre mortal, como él, que estaba en algún lugar de la tierra, en el recuerdo, en otra parte, afuera, inaudible.

Me pareció traer un encargo de un sueño. Antes de que despertara, se me había pedido una nueva palabra que reemplazara la palabra «gota», que estaba bien por la «t», que daba un golpe como la gota al reventar contra el suelo, y por la «o» y la «a», redondas como la gota, y por la «g» del principio, que daba la idea de la momentánea resistencia, del ahogamiento de la gota antes de soltarse, pero no estaba bien en el resultado total, que era una secuencia demasiado gorda para nombrar algo tan pequeño y simple. La noche anterior yo había enseñado una clase sobre la *Ilíada*.

Aquiles perdió sus armas; se las quitaron al cadáver de su amor, Patroclo, que se las había puesto para reemplazarlo en la batalla contra los troyanos, mientras él, Aquiles, se quedaba rencoroso, sentado a la orilla del mar, llorando lágrimas saladas, combatiendo en su corazón con un solo rugido, tras retirarse de la pelea de muchas voces con los otros, pues su justicia había sido ultrajada; pues no estaba bien que el jefe de su bando, Agamenón, que no lo igualaba en valor ni en potencia, tuviera mayor autoridad que todos y ocupara el lugar de la cabeza.

Una de mis estudiantes dijo algo que sonó como decirle a Aquiles: «Tú estás siendo como Agamenón, tu enemigo, cuando mandas a Patroclo a pelear en tu lugar, con tus armas, haciendo el papel de ti. Estás en el mismo lugar de aquel a quien le reprochas que ocupe lugares que no le corresponden».

El amigo de Aquiles salió a la batalla disfrazado de su amigo, y en el campo lo mataron. No era Aquiles, sino el hombre de Aquiles. Fue despojado de las armas de su amador, que a partir de ese momento armaron al troyano Héctor, matador del amor del héroe.

Héctor le quitó la vida a un cuerpo que era para Aquiles, y luego se armó con el otro cuerpo de ese cuerpo: con la armadura que Aquiles se ponía para vencer y esquivar la muerte sobre la carne de la vida. O Héctor se revistió con la sombra mortífera de Aquiles, hasta que este volvió a la batalla y lo mató dentro de la armadura suya, y vengó así la muerte de su amor en el cuerpo de carne que ocupaba su cuerpo de metal.

Después, cuenta el poema, Aquiles le taladró las piernas al cadáver de Héctor y lo arrastró alrededor del campamento, atado a un carro, con la cabeza por tierra.

La cólera es la manera de ser que mejor saca a una persona de sí y hace que se cree a partir de ella un personaje.

En la expresión de la persona aparece de repente una letra más visible que las otras. Esa sola letra impresa, reteñida, es el carácter, es la cólera y es impresionante.

Todas las caracterizaciones que hacen que se forme un personaje, y que llevan a ese personaje a su destino trágico (que es el final que le corresponde por ser como es y ha sido, y también es su aceptación de sí mismo), son vertientes y variantes de la cólera: la terquedad de Edipo, el resentimiento de Clitemnestra, la devoción de Antígona, la pasión de Medea, la insumisión de Prometeo.

En la cólera, de uno sale otro que parece completamente un hombre, pero que no lo es. La cólera replica distorsionadamente, como un espejo bullente. Es una forma de reproducirse distinta de la generación —de la maternidad, de la paternidad, de la autoría—, y es una manera de ser que es manera de no ser, pues nadie es colérico, sino que alguien actúa como colérico.

Por más vueltas que el carro daba con el cadáver del enemigo atado, y por más tumbos que en el polvo daba la cabeza del enemigo muerto, la ira no se agotaba en Aquiles. No goteaba.

Se cuenta en el poema que el padre de Héctor, Príamo, el rey de los troyanos, se atrevió a llegar al campamento de los dánaos para reclamar el cadáver de su hijo, pues quería sepultarlo. Aquiles, entonces, recibió la sorpresa: ese anciano que avanzaba hasta su tienda era tan valiente como él. Y ese anciano atravesador era diferente de él, pues él nunca llegaría a ser anciano. Se lo habían dicho. Había sabido decirlo incluso un caballo que hablaba. Cualquiera lo habría sabido: no se es Aquiles por mucho tiempo. El guerrero recibió, pues, la visita del hombre inesperado: de aquel a quien él no esperaba y de aquel que él no esperaba ser.

Entonces se venció, por fin, la cólera.

Aquiles se convirtió en un hombre completo. En Aquiles, de verdad.

El anciano Príamo, huérfano de su mejor hijo, le recordó al joven iracundo que él también tenía un padre viejo y lejano que no volvería a ver a su hijo. Aquiles vio en la imaginación a su padre dejado atrás; al hombre olvidado en el origen. Lo imaginó dolorido por la ausencia y, en el futuro, llorando por el hijo. Evocó al padre mortal al cabo de tanta invocación a la madre inmortal. Se dio cuenta de que un día iba a morir, como su padre, como el padre de su enemigo y como su enemigo. Sintió y supo que era hijo del tiempo. Volvió a ser una persona.

El tiempo también es una persona. Es un animal. El animal de los animales. El ánima de los animales. Estamos en él y todo lo que hacemos está haciéndolo él solo. Él es lo vivo. Es el vencedor de todo, y la cólera se apaga cuando él pisa.

Príamo fundó en Aquiles la piedad —el sentido temporal, la conciencia del vencimiento— así: no lo instó a que se pusiera en el lugar de otro, sino que le mostró que el otro estaba ya en él; que él era cualquier otro, todos los otros, los hijos y los padres, los irreemplazables y reemplazados por quienes vendrían después —y todos los muertos—.

Aquiles, vulnerado, no solo devolvió el cadáver de Héctor para que lo acogiera la tierra, sino que también acogió al padre de su víctima —y del victimario de su amor—. Mandó preparar una cena para Príamo. Se hizo anfitrión a la vez que entendía que un día iba a morir. Al confirmar su capacidad de albergar al enemigo en su mesa y en su vida, se mostró a él mismo que, en cuanto hombre y mortal, también era inmortal: infinitamente capaz de contener. Invencible.

El ser humano sabe o cree que dentro de su cuerpo vive otro; que él no es solamente la carne que se desintegra, sino que contiene un sonido que sigue y que viene de lejos; que comprende a un dios o a los dioses, o que aloja, como a un extraño, a su propio corazón. Eso —su inmortalidad— es lo que declara y demuestra cuando realiza un acto de hospitalidad; es decir, cuando se ensancha y manifiesta su capacidad de incluir y alimentar a otro en su espacio, de darle un lugar donde dormir y, al día siguiente, dejar que siga su camino.

Príamo visitó a Aquiles, y Aquiles invitó a comer a Príamo.

Príamo leyó a Aquiles, y Aquiles se leyó en Príamo.

El acto mutuo de lectura es la paz posible: la momentánea confianza.

Entonces se declaró una tregua para que se celebraran los funerales de Héctor, con los que se culmina la *Ilíada*. Tras esa paz siguió la hostilidad. Troya fue devastada y hubo vencedores y vencidos, pero no ya en el poema, cuyo final cumple con poner a los hombres en su lugar, que es el reconocimiento hospitalario —y el vencimiento conjunto— del final.

Un hombre entiende que es mortal y es infinito, y al otro lo entierran otros hombres: eso es la paz, que es la pausa.

Pero me desvié y conté el final. O, más bien, me precipité.

Quería hablar sobre el despojo de las armas y sobre el rearmamento, que ocurren antes de que Aquiles se desarme de la cólera.

Estaba hablando de las armas, que visten un cuerpo y luego otro y otro, y de todos se quitan y se roban, y muestran que todos los hombres son iguales, y anuncian el final de las armas y los hombres.

Y, antes, estaba diciendo que la madre estaba en la mente del hijo, y el hijo estaba en la mente de la madre.

Una multitud vivía en un campamento que sitiaba una ciudad, y otra multitud vivía en la ciudad sitiada, protegida por una muralla. Los unos dormían y despertaban alrededor de los otros. Unos y otros peleaban, hacían juramentos, elevaban plegarias y discutían. Velaban.

Después de siete meses de demasiado calor, que fueron los meses de cuarentena por la peste del coronavirus, Bogotá ha venido enfriándose en la última semana. Parece más sucia que antes de la peste, más rota, y se diría que está marchita, si estuviera viva. La ciudad es costosa y pedigüeña, pero el frío, reconfortante: lo trae un viento de los cerros del oriente y se recibe como un saludo de otras tierras. Como un saludo de salud.

Si paseamos de noche, ya tenemos que ponernos los abrigos que estuvieron guardados mientras no salíamos por temor al contagio y a los peligros de la ciudad casi vacía, y que también estuvieron guardados porque la peste coincidió con ese hálito tibio que dije, que acaloraba y enfermaba.

Yo me puse mi tráfaga de invierno para el nuevo frío y salí a darle una vuelta nocturna a la manzana. Di dos, tres vueltas. No habían puesto en el diccionario el nombre de la tráfaga. A lo mejor había llovido y ya no llovía, y yo habría podido sacudir un árbol y me habría caído encima una lluvia de la lluvia. ¿A qué debía su nombre la prenda que me cubría? Era gris o dorada.

Antes de salir a caminar, me interesé en un entrenador de fútbol muy famoso, portugués, de nombre José Mourinho, que alguien me recomendó que mirara en un documental en Internet: «Míralo, que te va a encantar. Es arrogante e increíble». Vi el documental, en que el entrenador contaba cómo había ganado un torneo con un equipo casi acostumbrado a perder —«No éramos los mejores, pero teníamos una estrategia»— y salía corriendo desde el límite del campo hacia adentro, antes de la peste, al final de un partido, para abrazar a los jugadores, a quienes se refería como «mis muchachos». Tenía un rostro hermoso de frente y de perfil. Ganaba otros partidos y pasaban los años en el video. No me interesé en él por arrogante, sino por increíble: parecía haber ganado siempre. Era la viva imagen de ganar. Seguramente no había ganado siempre, pero era un ganador. Algo tenía que haber perdido para estar ganando tanto. Tenía que tener mucho para que, a pesar de haber perdido algo, fuera así de ganador. Vi su fe en forma de halcón y luego la vi tomar la forma de una red.

A los hombres nos gusta ver a otros vencer, si esos otros no nos vencen a nosotros. (¿Y cómo es el disgusto que nos causa ver cómo nos vencen? ¿O no es ningún disgusto, sino una vergüenza falsa?). El espectáculo del vencimiento es una satisfacción posible para nuestro corazón insaciable; para nuestro corazón, que tanto quiere partirnos el pecho.

Ser humano es ser hospitalario, como dije, y también es desear un «sí»; el momento de oírlo y de decirlo. No me refiero al «sí» de la aceptación, que quizá sea el último que escucharemos de nosotros mismos en el final trágico, sino al «sí» que declara a alguien vencedor. El hombre se regocija con la victoria y la busca como un nuevo lugar donde aparecerse; como una aparición próxima, afirmativa, de sí mismo.

La victoria es, como la cólera, una manera de salirse de sí.

Nos sirve ganar; una vez en la vida, al menos, proclamar nuestra victoria. Nos hace ser más buenos. Nos ayuda a despertar.

También puedo creer que nadie gana una sola vez. Si uno sigue viviendo después de ganar, sigue queriendo ganar y, probablemente, ganando. La victoria cumplida es una promesa. Si la promesa no se cumple en una nueva victoria, el momento triunfal se convierte, visto en retrospectiva, en el momento decisivo de la derrota. Nadie gana en la memoria. O solamente ganó quien murió enseguida: quien murió matando.

Ser humano también es ser consciente de que la victoria es sueño, y es contener en sí a otro que en las noches, mientras uno duerme, se para y va a pasear y hace y sufre y se ve a él mismo. Y luego, ese otro desaparece y uno despierta. ¿Al despertar uno prevalece sobre el sueño? ¿Vence al que camina en la niebla?

Vi grabado a aquel entrenador de fútbol, el nuevo interés mío, cuando era joven y parecía de Italia, y cuando empezó a envejecer y se parecía a los hombres de Brasil, y le oí decir que había querido ser futbolista pero supo que no tenía talento para eso, sino para dirigir equipos. Su elegancia. Lo vi hacer decenas de gestos en las fotos, y todos eran serios: los más risueños también, los socarrones, los coquetos. Pensé que no solo podía hacer ganador a cualquier equipo por su inteligencia anticipatoria, ni solo por su insistencia en el valor de la amistad y del trabajo coordinado, sino también, o sobre todo, porque sus jugadores se enamoraban de él. Lo veían como un padre deseador, y querían impresionarlo y vivir en la imagen que él se había hecho de ellos al planear el partido y ver el triunfo en el presagio. Él jugaba, dirigía y quería, y ellos querían, jugaban y se enseñaban a dirigirse. Juntos buscaban el hecho, la llegada al futuro vislumbrado, la realización del deseo conjuntamente construido, el «¡Sí!» que viene después de que la afirmación se confirma. Iban hacia la victoria como a una vida nueva o a la consumación de la vida —pues la derrota no consuma, sino que deja un resto y es el resto mismo—.

El entrenador ganaba partidos como batallas sin muertos. Sus contrincantes quedaban vencidos pero seguían vivos. Era como si consumirse en el juego volviera inmortales a los hombres. Como si el entrenador del juego enseñara cómo no morir. También era, por tanto, como si los hombres lucharan dormidos.

Mourinho estaba lleno de gracia.

Me impresioné.

Pero yo no sé en qué consiste un entrenamiento de fútbol.

La justicia del mundo no ha querido que lo que aquí es capaz de sonar «yo» sepa cómo es un entrenamiento de fútbol.

La riqueza del mundo no le ha dado un entrenamiento de fútbol a esta que aquí se señala creyendo que señala su haber.

Salí a dar vueltas alrededor de la manzana, de noche, como dije, con mi tráfaga.

En la montaña, en el oriente, la torre de energía de alta tensión brillaba con la luna.

Un partido de fútbol, la puesta en escena de una invasión mutua, me pareció de repente tan impresionante como la guerra de Troya. Meterle goles al otro. Recibir los goles del otro. Y, por fuera, una búsqueda de la hospitalidad: que los rivales se den la mano y que se le dé una ventaja al equipo visitante, pero sin que cese la hostilidad en el estadio anfitrión. Y, después, el campo vacío, y todos los hombres de camino hacia el camerino, a cambiarse de ropa.

Estar cansado es estar vencido, y entonces también el ganador queda vencido tras el juego.

Por la noche, por la calle, íbamos descansados, de ronda, el tiempo, el sueño y yo. No me impresiono conmigo. Quiero que un día salga de mí algo que me impresione, y entonces vivir en esa imagen de mí impresionante. Sorprenderme para desdoblarme estando despierta. Ganar inesperadamente o, mucho mejor, después de haber tenido la visión de que ganaré: en el tiempo de la profecía cumplida.

«Quiero» es un decir: solo estoy escribiendo.

Qué violenta era la espléndida belleza del entrenador de fútbol. Como la de Aquiles.

Puedo creer que yo iba impresionante también, con mi tráfaga de invierno, salida de la peste aún entre la peste, toda cubierta, como armada, la noche en que fui a rondar el frío después de la cuarentena, después de ver las imágenes del ganador de partidos y después de dar mi clase acerca de la *Ilíada*. No es que estuviera linda, sino que iba triunfante: había ganado al dar la clase y al interesarme por los entrenamientos de fútbol, y eso que todavía no me habían encargado en sueños una palabra que reemplazara a la palabra «gota» —de sudor de futbolista y de guerrero—.

En la calle de la noche, de vuelta en vuelta a la manzana, iba triunfante aunque no ganaba ni perdía, sino que me entrenaba.

Quise saber qué ropa me había puesto por debajo de lo dorado o gris, de la tráfaga, y no lo recordé. Andaba en círculos por la ciudad, por la noche, habiendo olvidado los tonos del disfraz. Tampoco creo que pueda, ningún día, reconstruir mi actividad del día anterior: no tengo ni idea de qué hice ayer desde que me desperté hasta cuando me acosté a dormir.

Después de que Héctor despojara a Aquiles de su armamento en el cadáver de Patroclo, o después de que Héctor despojara el cadáver de Patroclo de las armas de Aquiles, la madre de Aquiles, Tetis, fue a pedirle al herrero Hefesto que fabricara armas nuevas para que su hijo triste, valiente y fiero volviera a la batalla. Con ellas, el ultrajado mataría, pero también con ellas podría darse un nuevo nacimiento, surgido de la ira y desarmado ya de la insistencia.

Así fueron las armas que Hefesto fabricó para el de los pies ligeros:

Hizo piezas de metal —coraza, yelmo, cimera y canilleras— que se ponían encima de las partes del cuerpo, y un escudo, que es una pieza de protección que no corresponde a ningún miembro, sino a todo y al espíritu. Decoró el escudo labrando en él cuanto no parece ornamental: lo que nos importa, lo que es nuestro.

Forjó relieves en la superficie de metal, en todas direcciones. Puso el Sol, que no se cansa, la Luna y las estrellas. Puso dos ciudades. En una de ellas se celebraban bodas y había fiesta. Sonaban instrumentos y brillaban las antorchas. Las novias iban por las calles, y se cantaba a su paso una canción. Otras mujeres salían a la puerta y miraban con asombro. La muchedumbre avanzaba hacia la plaza, en la que se había armado un pleito por una deuda de sangre: un hombre decía que ya había pagado por la muerte de otro hombre, y la contraparte lo negaba. Los ancianos, sentados en círculo, debían pronunciarse sobre el caso. Lo hacían levantándose por turnos. En medio de ellos había dos piezas de oro que se le entregarían a quien pronunciara el veredicto más recto. La segunda ciudad estaba sitiada por un ejército enemigo, que a su vez se dividía en dos bandos por los distintos planes que los soldados tenían para la victoria. Los sitiados no se rendían: planeaban una emboscada. Las mujeres, los niños y los ancianos vigilaban sobre la muralla, mirados por dioses de oro, prodigiosos. Los hombres iniciaban el combate allí donde se reunían los rebaños. Pronto hubo pastores y ganados muertos junto a un río que siguió corriendo. Los guerreros luchaban, arrastraban cadáveres, sobrevivían, tenían heridas abiertas. Había manchas de sangre y marchas de inmortales. Se labró también, en el escudo, un campo de labranza. Lo araban bueyes de aquí para allá, hasta el borde, y luego de regreso, del borde para acá, y la tierra revuelta era negra aunque también era, en el escudo, de oro. Había un rey satisfecho, silencioso. La gente recogía las gavillas del campo. Debajo de una encina, los hombres preparaban la carne de un buey sacrificado para el festín de la cosecha. Las mujeres disponían del grano. Había racimos de uvas negras, púrpuras como la tierra, de plata como la plata, y un foso de esmalte, una cerca y un camino. Flautas. Jóvenes. Personas que cortaban y personas que danzaban. Una lira de sonido claro quebraba el corazón con la añoranza. Se oía el canto del año que acababa. Hefesto grabó también toros de estaño que mugían en el escudo mientras avanzaban hacia un pastizal junto a un arroyo. Los seguían nueve perros. De pronto, dos leones agarraban a un toro y lo arrastraban y lo devoraban, mientras los perros ladraban sin poder acercarse. La presa bramaba en su agonía. Se veía un valle. Allí, los muchachos que bailaban iban ataviados con espadas, y las muchachas, coronadas de guirnaldas. El tiempo se hacía y se deshacía en sus pasos. Fluían los vestidos de unos y otras, claros y aceitosos. Los cuerpos se movían como mueve su rueda el alfarero. Una multitud los miraba dichosa. Y en el borde del escudo estaba el océano, que hacía sentir su fuerza y rodeaba los afanes y los ruidos del maravillante mundo, donde todo pasaba en un instante, todo al mismo tiempo, pero también todo podía contarse y extenderse.

¿En qué lugar del escudo sucedía una cosa, y en qué otro lugar, otra?

¿O en la imaginación, que es el escudo —arma, prenda, instrumento, arte y naturaleza—, no se distingue entre un lugar y otro lugar?

Afuera y detrás de la obra resistente estaba Aquiles. Y afuera de Aquiles estaban la guerra y la paz, que también estaban en la obra, donde había gente que no era Aquiles, pues todos eran él.

El hijo invencible y mortal —tan vencible— entraría a la batalla —de nuevo a la vida— con el escudo espléndido por delante y por encima; con ese espejo que le presentaría a la realidad el reflejo total de su movimiento, y que lo protegería a él de la realidad: de recibir la fijeza de su propia imagen, de su situación.

Con el nuevo armamento, Aquiles prevaleció y mató a muchos hombres. Mató al matador de su amor. Incluso luchó contra Escamandro, el río de Troya, que se quejó de estar tan lleno de cadáveres que no podría fluir al mar. Y también por ese escudo, que lo investió de historia y de justicia, pudo Aquiles saberse vulnerable y hospedar a Príamo, y dejar que se suspendiera la guerra durante los funerales de Héctor y que el río corriera y el poema callara.

A la mañana siguiente de la noche en que salí cubierta con la tráfaga, después de tanta cuarentena, me di cuenta, mientras esperaba el ascensor, de que me había puesto al revés el vestido que llevaba: lo de la espalda en el pecho. Me lo cambié entre el piso quinto y el primero, sin saber si el ascensor tenía una cámara de vigilancia que me grababa mientras yo me desvestía y me volvía a vestir.

Los vecinos de mi piso ponen a sonar música infantil. Muchas veces, mientras espero el ascensor, tras su puerta oigo vocecitas y cornetas. Los vecinos son una pareja sin hijos. No sé si bailan y tocan las palmas al son de esa música y se entregan a una regresión, o si escuchan tumbados en el sofá, con melancolía, castigándose por algo. También durante la cuarentena los oí saltar lazo al otro lado de la pared.

Un día me preguntaron (pero no mis vecinos, sino gente de otra parte) que yo a qué le tenía miedo. Dije que a esperar el ascensor y que el ascensor llegara, y se abrieran las puertas, y yo me encontrara adentro, frente a mí. Yo afuera, esperando en el rellano, y yo adentro, llegando. Yo repetida en una interrupción del viaje hacia arriba o hacia abajo. Le temo al desdoblamiento, a la duplicación. También, a la cólera; a mi propia ira y su expresión excesiva. Al desborde, que es el mismo desdoblamiento. A llenar un río de cadáveres, de modo que se rebalse en lugar de ir al mar, y a verme en el agua ensangrentada. Para Aquiles eso es ganar, y puede ser que yo tema ganar.

«Temo», digo, pero solo estoy escribiendo.

Digo que me da miedo el desdoblamiento, y antes dije que quería ganar para desdoblarme. El objeto de deseo y el objeto de temor son siempre el mismo, y son uno mismo, y, en este caso, uno mismo son dos.

Lo que temo y quiero es escribir: esta división y esta salida a escena (a combatir por cólera, a bailar por amor). Esta multiplicación, esta ganancia.

En mi cuarto tenía un tocador con un espejo de tres hojas que había sido de mi madre y, antes, de mi tía abuela. Al comienzo de la adolescencia, un día en que me miraba, la superficie del espejo empezó a temblar, como si fuera de agua. La ventana estaba cerrada: no había corrientes de aire. La hoja no se movía; solo vibraba el reflejo. Pensé que un fantasma estaba provocándolo. Volvió a pasar varias veces. Pregunté y me explicaron algo sobre un proceso químico, y me convencí de que el movimiento se debía a la «inestabilidad del azogue viejo». Repetí muchas veces esa nueva palabra, «azogue», que hizo que yo me gustara un poco más. El temblor del espejo me dio terror la primera vez, y luego no, y tiene sentido que la imagen vacilara justo cuando la niña asomada se convertía en alguien que se extrañaba en el reflejo. Poco tiempo después, me disfracé con escotes y colorete y relleno en un corpiño innecesario, y me miré en ese mismo espejo para desearme. «Corpiño» es una palabra que no se usa aquí donde estoy, de donde soy, pero es más interesante que otras que podría poner para significar lo mismo. Es un diminutivo un poco inquietante, inestable, como el azogue viejo.

Quién sabe qué potencias convoquen las prendas que uno usa. Cuando me pongo una blusa negra, ¿me atraigo las tinieblas, o pido una niebla blanca? El vestido que me enderecé en el ascensor era verde. En las canciones que escuchan mis vecinos, una niña debe de cantar que «verdad» significa el conjunto de las cosas verdes, que son tantas.

¿Quién podría ganarme, en el sentido de cobrarme como premio y llevarme, y quién podría ganarme, en el sentido de hacerme perder contra él? ¿Los dos sentidos son uno?

Un escudo es ganar.

Un escudo que representa el mundo entero es ganar.

El mundo es ganar, lo ganado.

Vivir es perder. La vida será lo perdido.

El hombre en quien me interesé, el entrenador de fútbol José Mourinho, de Setúbal, Portugal, ha dirigido equipos de muchas partes (el Chelsea, el Manchester

United, el Oporto, el Real Madrid, el Milán, el Tottenham Hotspur). No me siento motivada a entender su estrategia, pero sí a seguir su historia, en la que él cambia de países y contiene contingentes, y podría ser un Agamenón que no hubiera provocado la ira que Aquiles.

Lo miro con un ojo que se me abre en el escudo.

Mientras voy quedándome dormida, le pido a la madre inmortal —sin invocarla con palabras, sino con un parpadeo del ojo que fijo en los héroes— que vaya donde Hefesto y le encargue para mí un escudo en el que se encuentren los juegos y los juicios, y por el que —sin yo verlo, pues estaré detrás— el mundo pueda verse en mí; un armamento que sea mi desarmadura, y un pecho que sea en mi pecho el de Aquiles, el de Patroclo, el de Héctor y el de Mourinho.

Mientras voy pidiendo, también voy pensando que un escudo es algo sumamente duro y, en eso, muy distinto de un sueño.

Por la noche, antes de dormir, cuando me acuerdo, me peino: me desenredo el pelo y me rastrillo el cuero cabelludo. Pienso que así los sueños serán más claros; que le hablarán de mi cabeza a mi cabeza, en palabras descifrables. Les despejo los caminos.

Mientras Hefesto labraba el escudo, Penélope tejía una mortaja por el día y la destejía por la noche, en una isla lejana. Esperaba a su esposo, Odiseo, que era uno de los compañeros de Aquiles, y socavaba el tiempo para que no llegara la hora en que le tocara escoger un nuevo marido. La mortaja era para Laertes, el padre de Odiseo; para envolverlo cuando llegara el día en que el hombre que debía volver lo reemplazara.

Para que un hombre se mantuviera con vida, un dios hacía su labor y una mujer deshacía la suya.

Los hilos siempre destejidos de Penélope no formaban historias, a diferencia de las labores del escudo de Hefesto. Cuando estuvo lista, la mortaja fue solamente brillante, espléndida y vacía, pero también así, sin narrativa, representaba la realidad infinita, como el escudo lleno de actividades y de acciones.

Sin haberme quedado dormida, aprendo que mientras se fabrica para mí el escudo que la madre encarga para el hijo, la esposa desteje mi mortaja para el padre en mí. Y ahora, dormida, destejo esta tela que aquí tejo.

Y en el inicio de la muerte, donde el mundo da la curva, me encontraré frente a mi doble: el lector que mi aliento habrá imaginado, palabra por palabra, durante toda la vida de escribir. El amado, el amante. Estará frente a mí, me asombrará con mi semblante, y en nuestro saludo arrastraremos todas las cosas al abismo.

¿Cómo es ganar? Suena «tas». Es el golpe.

El sábado pasado gané una batalla en la ciudad: quité unas vallas de hierro que la Alcaldía había apostado a la entrada de una calle para impedirles el paso a los mendigos. Fui al sitio con diez personas que convoqué: un equipo. La autoridad nos amenazó con denunciarnos por vandalismo, pero no lo ha hecho. Seguramente volverán a cerrar la calle, pero ya no con vallas móviles, sino con otras fijas de cemento, y la batalla ganada se habrá perdido.

Juntas en la memoria, las victorias suenan como las palmas que acompañan las canciones de mis vecinos y como el aplauso: «Tas, tas, tas».

Las batallas que he ganado son victorias de troyanos. Se acumulan hacia la muerte, que es un amontonamiento, una pila.

Un sábado de hace cuatro años, tras protestar por las talas injustificadas que la Alcaldía ordenó por toda la ciudad, fuimos de noche a la carrera once y plantamos doce árboles junto a los tocones de otros tantos de la misma especie que habían cortado. Al día siguiente, la Alcaldía arrancó nuestros arbolitos y los dejó acostados en la acera. Al tercer día los recogí, y al cuarto los planté en mi jardín de la montaña. Se llaman falsos pimientos porque dan un fruto rojo que se parece a la pimienta y, si uno estruja las hojas, le queda en los dedos el olor de la pimienta verdadera. De los doce, ocho murieron.

Al pelear dándose cuenta de que la derrota viene inevitable, uno se siente invulnerable, como en sueños. Es el secreto de la valentía.

No sé jugar a ningún juego de mesa: ni ajedrez, ni damas, ni *backgammon*. Los juegos me confunden. Me sacan del tiempo, pero no como el sueño o los cuentos o el amor, sino insuficientemente: me dejan en una trinchera en el combate entre dos tiempos. Con la suspensión de las características de los jugadores —salvo de su habilidad para calcular y para mentir o delatarse—, los juegos parecen poner en entredicho la noción de persona e incluso la de personaje —o sea, simulan la sola muerte fija—. Me exasperan y hacen que crea —o que decida— que no entiendo lo que entendería fácilmente. Relaciono mi desdén por las fichas y los dados con el poco aprecio que le tengo a la aritmética. No divido ni multiplico ágilmente. Hasta restando me equivoco. Me gusta armar rompecabezas, pero eso no es jugar, sino reconstruir. Me dan vértigo los tableros, sus patrones, estar dentro de un cuadro: esa forma del enfrentamiento en el espejo obnubilado del respeto. No admiro la inteligencia que es cálculo. Nunca jugué Monopolio. No me gusta hacer planes, mover piezas que no son mías, tener las reglas tan presentes. No me interesa hacer visible una jugada en el mismo lugar donde la he concebido. Las barajas tampoco son para mí. Las cartas me expulsan con su exigencia de ser recordadas sin haber sido vistas, y me provoca ansiedad no saber cómo se hace trampa. Apostar me parece renegar de la misericordia. Me parece muy bajo su peligro. No me dan ganas de abaratarme en el juego, ni de encarecerme, ni de ponerle precio al tiempo. Actué en una película: ese juego me dio placer y también aflicción. Hice el papel de una mujer encolerizada. Al encarnarla, salí de mí en un vehículo que se construía en mí. Actuar es enajenarse, como en el éxtasis y las borracheras. El género de la tragedia, en el que un actor interpreta la cólera, procede de los himnos a Dionisio, el dios de la embriaguez. Las mejores escenas las interpreté llena de vino. He jugado al amor, a sabiendas de que, si hubiera sido posible conocer las reglas de antemano, no habría jugado. Jugué por no conocerlas y para no conocerlas, y luego protesté porque no las había conocido, y esa protesta era también parte del juego. El amor es el juego de reglas ignotas: es la burla de los juegos.

Además de jugar a tener otra vida, sé jugar a algo que llamábamos, en la adolescencia del espejo tembloroso, Stop. Cada jugadora tenía que escribir, dentro de unas casillas dibujadas en una hoja de papel, dispuestas horizontalmente, en fila, nombres de objetos de diversas suertes (una persona, un animal, una flor, una cosa, un color, un lugar geográfico, una comida) que empezaran todos con la misma letra, que en cada jugada se determinaba de esta manera: una jugadora decía «A» en voz alta y enseguida empezaba a recitar mentalmente el abecedario. Otra la interrumpía: «Stop». La primera decía en qué letra la habían interrumpido, y nos lanzábamos a llenar las casillas con palabras que empezaran por esa letra. La primera jugadora que terminaba de escribir su lista decía «Stop», y las demás debían detenerse aunque no hubieran terminado. Luego leíamos lo que habíamos puesto, y se calculaba el puntaje: cero puntos por la casilla que quedaba en blanco, cinco si otra jugadora había escrito la misma palabra que uno, diez si todas habían escrito palabras diferentes, quince si alguna otra no había escrito nada en la casilla, y veinte si ninguna más había llenado la casilla. Luego repetíamos lo mismo con otra letra, en la fila siguiente de casillas, un renglón más abajo. Las categorías encabezaban las columnas que se cruzaban con las filas donde se escribían las palabras. No sé si la descripción del juego quedó clara aquí, o si no se entendió. Quiero decir, en mi favor, que es precisa y me esmeré mucho en hacerla, sin necesidad alguna, pues escribir es también este desperdicio. Jugábamos hasta agotar el alfabeto. Por la «N»: Nuria, Namibia, nutria, nomeolvides. No se me ocurre ahora ninguna cosa inanimada. ¿*Nylon*? ¿Se vale poner un material? ¿Se vale que la palabra haya nacido en inglés? Yo era la gran campeona de Stop en el colegio. Una vez jugué de adulta, en una de esas casas de campo a las que a uno lo invitan a pasar la noche en sociedad y hay que hacer algo, y les gané a todos. Me salió una cosa feroz, vindicativa, tras años de no jugar a nada con puntaje. Los dejé regados, como se dice. Los mandé a dormir, como se dice. Quería añadir más y más suertes, o sea, categorías, para exhibir mi destreza: libros, películas, canciones, prendas de vestir, marcas. Ciudades y, aparte, países. Lugares geográficos de tierra y, aparte, de agua: Nemocón y Nilo. Frutas y verduras y, aparte, comidas que no fueran frutas ni verduras, sino platos elaborados. Objetos concretos y, aparte, objetos abstractos. Objetos materiales y, aparte, los inmateriales. Cuando jugábamos en el colegio, alguien ponía tramposamente una palabra inexistente y entonces tal vez nos daba risa. Lo hacía cuando la ventaja que les sacaba a las demás era tan amplia que podía darse el lujo de un cero. Ponía un nombre inventado de un color, y la imaginación no sabía qué ver. Pero no tiene sentido decir que una palabra que se ha pronunciado no existe. Tampoco tiene sentido decir que es inventada, pues todas lo son. Hace poco alguien me corrigió (pero no al jugar Stop) cuando usé la palabra «pulpa» como femenino de «pulpo». Me dijo que «pulpa» quería decir otra cosa, como si esa otra cosa, que es la pulpa de las cosas, no aludiera también a la consistencia de los pulpos —y las pulpas—. ¿O qué es acaso la existencia de una palabra? Una prenda de vestir por «T»: tráfaga. ¿Eso qué es? Es como una capa. Te la inventaste. Un manto gris. Una especie de escudo. Un chaleco de oro, como el de la cándida Eréndira, que se lo encaja al final del cuento que la crea, cuando ha pasado por todos los cautiverios de las mujeres —el dominio de las abuelas, la servidumbre doméstica, la prostitución, el convento, el matrimonio— y decide evadirse también del amor, la última prisión y la más impenetrable. «Iba corriendo contra el viento, más veloz que un venado, y ninguna voz de este mundo la podía detener. Pasó corriendo sin volver la cabeza por el vapor ardiente de los charcos de salitre, por los cráteres de talco, por el sopor de los palafitos, hasta que se acabaron las ciencias naturales del mar y empezó el desierto, pero todavía siguió corriendo con el chaleco de oro más allá de los vientos áridos y los atardeceres de nunca acabar, y jamás se volvió a tener la menor noticia de ella ni se encontró el vestigio más ínfimo de su desgracia». Es una palabra que vive un solo día, la tráfaga. Cero. De regreso en la «F», mi contrincante encontró una fara, el marsupial, después de un faro, la construcción, cuando a mí no se me apareció más que la foca de siempre, junto al mismo faro, en un cabo de Noruega. Me daba envidia el fricasé de la otra, cuando yo había puesto un dudoso flambeado, que era un adjetivo. Quería que se me ocurriera todo en un instante. Que se detuviera el tiempo; que se abriera un tiempo de Stop, para poder poner, en la casilla de los objetos concretos, foco, fuerte, férula, farol y fuente, y, bajo los abstractos, fracaso, ficción, fascinación y fama. ¿Dónde podía ponerse fantasma? ¿Y familia? ¿Eran sustantivos concretos o abstractos? ¿El frío era un objeto inmaterial? ¿Y la fiesta? ¿Sacrificaría diez puntos por hacer otra vez la gracia de poner, por la «E», un nombre con su artículo? Ríos por «E»: el Amazonas, en lugar del Escamandro, del que no tenía noticia en los tiempos en que jugaba Stop. Y el chiste que hicimos muchas veces: animales por «L»: elefante. Ese juego era el saber. La hoja surcada con una caligrafía velocísima, casi ilegible, sin una sola oración, sin discurso, era también el escudo de Aquiles.

En la niñez y en la adolescencia presenté versos y cuentos a concursos literarios y gané el primer puesto.

A los veinte años quedé de segunda en un concurso de libros de poemas. Me dio vergüenza no ganar. O pereza. Luego no volvieron a premiarme en nada de escritura. Soy la impremiable, por alguna razón o sinrazón. Cada noviembre, durante varios años, vi cómo otros ganaban un premio de columnas de prensa al que yo me presentaba. Una vez me concedieron una mención. Mi pieza era mejor que la que ganó, que, además, era pésima. Me imaginé la discusión del jurado. No me divirtió imaginármela ni me enseñó nada. Podríamos hacer como en la antigua Grecia, donde un jurado elegido por sorteo entre los ciudadanos premiaba las mejores tragedias que se representaban en el anfiteatro. Hoy en algunos países se elige también por sorteo a los jurados, pero no para que premien la obra trágica de un hombre, sino para que juzguen su delito —su tragedia— en el tribunal, que es otro teatro en el que se mira a un personaje surgido de una persona en el vehículo de la cólera.

Una vez puse una demanda legal —no por un premio que no me hubieran concedido, sino porque me habían despedido de una institución por denostarla en público— y gané, pero la contraparte apeló y me ganó en el tribunal de segunda instancia. A manera de lección para la demandante, el segundo juez ensartó varios refranes en la sentencia —«En boca cerrada no entran moscas», concluía—. Interpuse otra demanda por el mismo caso, que se resolvió por conciliación. Supongo que eso es un empate.

Todo esto que he hecho de mí —jugar, perder, mirarme en el espejo, hablar bien y mal, rabiar y encontrar palabras, invocar la valentía— es poblar el miedo y labrar el miedo en el escudo.

Soy parte de una nación que siempre ha estado en guerra para siempre estar perdiendo. Ha encontrado un simulacro de grandeza en el horror.

Lo que pasa es que a perder le encanta perder.

Ojalá que este camino mío, en el que no gano, sea el camino del peregrino, y gane cuando llegue, y que lo que gane sea el perdón, o sea, nada. La limpieza. Volver a nacer.

No compro la lotería, pues, si me la ganara, creería que estoy teniendo una pesadilla. Una vez un amigo me dio de cumpleaños un billete de la MaxiMillions: no consulté qué número salió premiado, pero guardé el billete durante años porque había sido un regalo. Fue en mi cumpleaños número veintitrés o veinticuatro. Mi amigo se llamaba Yasco y era holandés. Decía que sus padres se habían inventado el nombre. Decía que se había criado sin que le mencionaran a Dios. Que no se le habría ocurrido creer que Dios existiera. Antes de conocerlo, a mí no se me habría ocurrido escribir su nombre al jugar Stop y, después de conocerlo, no he jugado por la «Y».

Veo la fe de mi amigo como el vuelo de un halcón. Luego veo que toma la forma de una red.

Cada cumpleaños es ganar. Los regalos de cumpleaños son premios.

Tal vez me faltó coincidir con un dígito para ganar esa vez la lotería, y es casi mía una fortuna que otro disfruta o que maldice en su pesadilla sorprendente, en su deseo cumplido.

En todo caso, ganar es haberse gastado.

«Éxito» es de *exitus*, que significa salida. Y el fracaso te deja igualmente afuera.

Ganar también significa convencer o persuadir. Que el rival (ya sea otra persona, o una parte de mí que se me opone) se pase a mirar aquí conmigo, de este lado, y seamos dos contra otro o ninguno, y entonces le ganemos: no le ganemos nada, sino que lo beneficiemos con un nuevo pensamiento.

Morir después de todos será ganar. O lo será morir antes que todos.

Digo «morir», pero apenas estoy escribiendo.

Ni he jugado ni he ganado ni he perdido al escribir. Ni siquiera puedo decir que haya trabajado.

He estado entrenando.

La alternativa a la cólera es quizás el consejo, y quizás aconsejarse sea ganar.

Ensaya esto: durante una semana, anota en tu libreta lo que te impresione — acontecimientos, conversaciones de personas, ideas, nombres, vistas, colores—. Al final de la semana, inventa que esas cosas que anotaste se unen en un sueño. Escribe el sueño en el que todas ellas participan, pero no lo cuentes con el efecto aburridor con que solemos contar los sueños.

Ahora estoy soñando que «escudo» es la respuesta a la petición que se me hizo en la mañana —la palabra delgada que nombra la gota (de sangre, de aceite, de llanto, de agua del río que quiere desenfadarse e ir al mar)—, pero todavía no estoy dormida.

Una gota, al caer, suena «tas», como la victoria.

Si no se revienta contra el suelo, sino que se suspende en el aire o se posa por ahí, la gota es también un lente, como el escudo de Aquiles.

De dónde ser

Vampiros

Me emociona el momento en que se muestra de dónde es el vampiro, o bien, de dónde era cuando estaba vivo, antes de convertirse en muerto viviente. Lo muestran en un paréntesis de la serie o la película de vampiros; en una retrospección que parece necesaria para que el personaje, como se dice, cobre vida.

Yo ya conozco al vampiro desde hace un rato en la serie o la película. Ya lo he visto matar a otro —darle vida inmoral— con los dientes, e ir a esconderse del día que llega, cuando, de repente, el ambiente cambia en la pantalla o en la página. La luz de la noche da paso a la del Sol y aparece, en una época distante, el lugar donde el vampiro dejó atrás al humano que fue y a quien aún contiene: el lugar de la vida mortal.

El país del paréntesis es un lugar preciso. Allí se habla una lengua determinada y menos internacional —polaco, por ejemplo— que la que se habla en el resto de la película —inglés—. Para mostrar ese lugar se usan subtítulos —tanto para decir su nombre como para decir lo que en él se dice—. La persona que al final del paréntesis habrá acabado —y se habrá vuelto inmortal— aparece allí ocupándose: comiendo y transportándose, rodeada de elementos del país, que es su lugar de origen. La persona que se volverá vampira ocupa la arquitectura y el paisaje de un modo nacional. Luego la muerden y, entonces, se convierte en muerta. No se muere, sino que se convierte en una persona muerta, y se marcha. Se va a otro país, a todos los países, al mundo entero, y vuelve al presente de la película cuando termina la retrospección que nos llevó hacia la vida viva, que es el pasado. Se cierra el paréntesis y se retoma la noche de un lugar actual e impreciso. El personaje, ya muerto viviente, pasa a ser de cualquier parte del mundo.

Es melancólico ese paréntesis que muestra al vampiro como una persona a punto de convertirse en otra cosa; de morirse y de caracterizarse, que son dos efectos de un mismo movimiento. El vivo aparece vulnerable en su caducidad. Su mortalidad parece innecesaria y hasta equivocada —como falsa y mala parece la mortalidad de todos los vivos—, y su localidad, precaria y vergonzante (y como gratuita, como producida por la ingenuidad o la ignorancia). Quiero decir que uno piensa: Sí, es verdad. Uno no tendría que morirse y no tiene por qué morirse. Y también: Es cierto, en realidad uno no tendría por qué ser de ese pueblo solamente.

Antes de convertirse en muerta, la persona representada hablaba la lengua de su tierra, conocía a un grupo de gente, se movía dentro de un perímetro y pagaba —suponemos que en una moneda específica— por lo que se vendía en la zona. Pertenecía a un barrio, a una ciudad, a un país, a un clima y a la Tierra. El lugar que la sostenía la tenía. La persona era poseída por el lugar, pero el lugar era a su vez sucesivamente poseído (la ciudad era del país, el país del planeta, el planeta de la galaxia, etc.), estaba infinitamente contenido y se remitía a un exterior para localizarse en él. La persona viva era concéntricamente de todo el espacio, en su apertura y en su límite.

Duradero en la muerte —teniendo a su disposición todo el tiempo histórico, del que ya está excluido—, el vampiro aprende a hablar muchas lenguas sin acento extranjero, aprende a tocar varios instrumentos musicales con maestría (aunque no se hace artista, pues la abundancia de tiempo no es suficiente para la aparición del arte, aunque sí para la adquisición de cualquier técnica), recorre el mundo y se hace inmensamente rico. Visita países y puede habitar cada uno durante tanto tiempo como habría durado su vida humana. Al pasar de ser mortal a ser letal, ya no da pena, como daba por su caducidad y su despojo, sino miedo. Puede estar en cualquier parte y aparentar ser de todas ellas, pero, a diferencia del vivo, que es de todos los lugares en orden concéntrico —en el orden de las inclusiones, que es como la realidad física ha dispuesto los lugares—, el vampiro es de todas partes en serie —en el orden en que el tiempo ha dispuesto la ilusión de los lugares—. Aunque su existencia transcurra en muchos sitios, él no es de ninguno en realidad, ni de ninguno primero. Su ubicación no va de menor espacio a mayor espacio, siguiendo el sentido de la contención y la hospitalidad, sino de uno en otro en otro. El vampiro es internacional allí donde el vivo era universal.

O a lo mejor el vampiro, aunque pasen los siglos y los siglos de los siglos, sigue siendo de la ciudad donde nació, del pueblo que se muestra en el paréntesis retrospectivo de la película. Y quizá no es de ese pueblo por haber nacido en él, sino por haber muerto en él —por haber sido allí mordido—. Pero quizás no sea tampoco así, pues el vampiro está muriendo por dondequiera que pasa.

Tal vez la tierra del vampiro —su tierra en cualquier lugar— es su cuerpo muerto. Su condición parecería enseñar que es más inmortal ser mortal que inmortal.

Un sueño decorado

Mientras crecía, me llevaron de viaje a algunas ciudades distintas de aquella en la que vivía. En todas sentí una inquietud confusa —lástima y bochorno, incluso culpa— al ver a las personas que entraban en una casa o caminaban por la calle con un niño, o un perro, o una bolsa, en fin, en una situación que indicaba que tenían su hogar en la ciudad extraña. Yo me persuadía de que no; en realidad las personas no vivían allí, sino que también eran turistas como yo, y vivían en mi ciudad, o en un lugar que era igual al mío, o en un lugar que era igual al lugar extranjero donde yo las encontraba, pero que estaba en otra parte, lejos de allí. Imaginaba y sentía que esas personas tenían que ser rescatadas de creer que vivían allá afuera, en un ambiente raro, en una escenografía.

Me parecía impensable que hubiera quien perteneciera a la ciudad que yo visitaba, que tenía canales, o mar, o rascacielos, o ruinas —tantas cosas detectables—, y donde se hablaba una lengua a la vez sosa y estrepitosa. Los sitios extranjeros parecían demasiado visibles: expuestos y determinados. Estaban hechos para ser destinaciones, no destinos. Habitarlos parecía injustamente limitado; debía tratarse de una representación. La vida real tenía lugar solo en la comarca de donde yo venía. En mi tierra, donde aparentemente no había nada que ver ni visitar, podía pasar la vida, pues vivir donde yo vivía era como no vivir en ningún lado.

Los lugares extranjeros me parecían, por su extrañeza —y por mi niñez y mi ignorancia—, extremadamente conocibles, inmediatos. Todo lo que había que conocer era su superficie. Uno llegaba y abría los ojos y los mantenía abiertos un rato, y ya había visto. En la visita ocurría lo contrario que en la vida. En la vida yo tendría que recorrer con los ojos abiertos y cerrados muchos años. Tendría que crecer mientras miraba. En la visita, miraba el mapa, las fachadas de los edificios y la línea del horizonte, y con eso quedaba comprendido el lugar, que era lugar sin tiempo. Lo demás eran las vidas de las personas, que eran tan invisibles como la mía. Ya que debían seguir transcurriendo cuando yo me hubiera ido, seguramente seguirían haciéndolo conmigo, próximas, allí donde la mía tendría que transcurrir. La ciudad extranjera estaba llena de visiones, mientras que la propia estaba poblada de vidas, y era, por tanto, lo desconocido; para conocerla, habría que vivir hasta el final.

Durante un período de mi infancia, me preocupó insidiosamente la posibilidad de confundir el sueño con la vigilia, a la que entonces me refería como «realidad». ¿Qué tal que mi vida, que yo creía real, fuera un sueño, y un día yo me encontrara en otra parte, con otra gente y otro nombre, y no reconociera nada, y resultara que lo que pasaba era que me había despertado? A lo mejor habría entonces alguien que me rescatara; alguien que viniera de visita de otra realidad más real, distinta de la pasada y la presente; de un sitio más verdadero, como yo sentía que era mi ciudad cuando me encontraba en otro lugar.

¿De dónde era yo cuando estaba en un sueño? ¿Era una forastera procedente de la vigilia?

Creo que la ansiedad que sentía cuando visitaba otros países y desconfiaba de que un lugar de visita pudiera ser habitable me devolvía a ese miedo de perderme en el mundo de los sueños; a la sospecha de que un lugar soñado podía ser habitable. A lo mejor ambas incertidumbres me indicaban que debía tener cuidado de no confundir la muerte con la vida. A lo mejor, con el miedo, yo me advertía de que era posible vivir como muerta sin saberlo.

Yo veía, pues, el resto del mundo —todo lo que no era mi tierra— como un sueño y un simulacro. Como un sueño, pero, al contrario de los sueños, decorado; como un sueño peligrosamente engañoso —espectacularmente verdadero— por ser abundante y estar, a diferencia de los sueños nocturnos, lleno de detalles —es decir, de cosas que se hacen para otras cosas y a partir de ellas, y las realzan, las adornan, las arreglan y las enriquecen, y de espejos en los que esas cosas se reflejan, sin parar de mostrarse, abocadas a los cielos sin fondo del embellecimiento—. Recuerdo ahora que, en el español medieval, recordar se dice «decorar».

¿La ciudad es un adorno del país, que es un adorno del planeta, que es un adorno del universo?

No es exacto, sin embargo, que yo viera el mundo extranjero como una falsedad. Era así como veía las ciudades extranjeras. Con los campos ocurría diferente: era como si todos los campos estuvieran siempre dentro de mí, absolutamente propios, radicalmente ajenos, familiares, invisibles.

El vampiro, que vive en la noche, retraído del sol, está en cualquier parte. En un lugar y luego en otro hace lo suyo, que es beber sangre y quitar sangre.

Los árboles, que viven en el día, al sol, permanecen en un mismo lugar durante toda su vida, alimentándose de agua, alimentándose del suelo, sin quitarse y sin quitar.

Todas las estaciones de gasolina del mundo son más o menos iguales, aunque unas son pequeñas, de carretera de polvo, y otras son grandes, de autopista. La estación de gasolina está fija y en todas partes a la vez. La llena el petróleo que salió del fondo de una tierra que se encuentra lejos —la mayoría de las veces— de aquella en la que se encuentra la estación de gasolina.

Alrededor de una estación de gasolina grande suele formarse un conjunto uniforme, con baños, restaurante, minimercado y motel. La recurrencia de la estación de gasolina y sus satélites en los caminos del mundo hace que todas las tierras parezcan iguales.

El lugar donde nos proveemos de combustible para cambiar de lugar es un lugar que hace que todos los lugares sean el mismo.

Las gasolineras en medio de la autopista son como los planetas en medio del espacio, vistos desde aquí en la noche.

En la noche del vampiro.

Una estación, cuando se ve, se mira desde lejos. Me refiero a una estación de gasolina, o a cualquier otra. Una estación no es un lugar en el que alguien esté. No es un lugar donde nadie esté cerca.

¿Los planetas son estaciones en el camino a dónde?

Cuando escribí sobre los árboles, más arriba, vi un urapán. Los urapanes son los grandes árboles de mi ciudad. Cuando mis padres eran niños, esos árboles nuestros no existían aquí. Vinieron de China no mucho antes de que yo naciera. Del oriente vinieron al oriente del oriente.

Los planetas, en cambio, han estado cambiando de sitio en el mismo sitio durante la vida de todas las personas que conozco: arriba, abajo, en el cielo.

Esté uno donde esté, debe orientarse por los planetas, que se ven siempre de lejos y a los que nunca llega quien necesita orientarse y recibe, en la noche, su luz. También «orientarse por los planetas» quiere decir «ser como los planetas», que están, cada uno, en su lugar: dando vueltas.

De camino a la orientación por los planetas, puede uno orientarse por las plantas. Ser como ellas, paradas en la tierra donde las plantaron.

Mis compañeras de la primaria decían que cuando grandes querían vivir en Miami. Que en Miami o en Estados Unidos. Recuerdo que se discutía sobre cuál de esos dos sitios estaba dentro del otro, o si eran vecinos, o si eran el mismo. Yo no servía para la geografía más que ellas, y durante el recreo sentía que, aunque estábamos hablando juntas en el patio del colegio, no estábamos todas hablando en el mismo lugar, pues en la noche dormíamos en lugares diferentes, desconocidos los unos de los otros.

Yo quería querer ser de donde era. Y quería allí querer quedarme. Temía tener que vivir en un lugar que no fuera el centro, y creía que el sitio donde había nacido era el centro. O a lo mejor lo que creía era que el centro era mi nacimiento. Además, me parecía que debía estar mal querer vivir donde se hablaba una lengua distinta del español (¿qué iba a poder decir uno sin su lengua?). Quería pensar que había nacido en la realidad. En la expresión.

Después de crecer, viví durante muchos años en otros países, más ricos que el mío. Parecían más variadamente llenos que el mío. Cada vez que regresaba a la tierra de donde era, tenía la sensación de asistir a una representación, que era lo mismo que había sentido en la niñez con respecto a los lugares extranjeros que visitaba. Pensaba que la gente que vivía en mi ciudad no se daba cuenta de que no debía vivir allí sino en el mundo, en esa especie de porvenir de donde yo venía a visitar lo mío, que era el teatro del pasado.

En mi ciudad, yo no encontraba qué desear. Era como si ella hubiera sido inventada para mí, o por mí, y estuviera ya acabada y entregada. Afuera, en cambio, quería hacer mías las cosas. Volvía a irme entre la ilusión de colonizar y el temor de perderme. Creía que debía conocer el mundo, como si el mundo fuera a darme un mapa que estableciera equivalencias confiables entre la vida y el espacio.

Mientras viví en ciudades que creía más centrales (más conocidas por las gentes del mundo, más imaginadas y habladas, con más incidencia y más versiones construidas por el arte, presentes en más películas) que aquella donde nací, pensaba que tenía una ventaja al proceder de la periferia; que podía mirar con más perspectiva que los que habían nacido en el centro. Luego, a partir de un momento de mi vida afuera, tuve la sensación de estar fuera de la vida, como un vampiro o un durmiente. Temí haberme quedado quieta en el instante de haberme ido, como el vampiro en el instante en que murió, o el durmiente al entrar en el sueño. A la vez sentí que, como le pasó a quien se convirtió en vampiro, de mí se había alimentado otro vampiro: el que en todo lugar se alimenta de los extranjeros. Empecé a creer, además, que una obra es algo que afecta y atañe al lugar donde se hace. Que un hecho que ni afecta ni atañe al lugar donde se hace no es una obra, sino una actuación. Así que volví.

Un año después, pasé por el lado del colegio donde estudié y donde desaprobé la asignatura de Geografía. Me ensombrecía pensar que en parte yo pertenecía a esa institución, que me parecía vieja y provinciana. Venía de un concierto en un gran teatro cercano y me acerqué a la portería del colegio. Era un sábado por la tarde. No había clases; solo había celadores, que no me dejaron entrar, así que recorrí el perímetro del lote. La ciudad había crecido y encerrado mi recuerdo. El colegio, que en mi infancia estaba en medio del campo, quedaba ya al borde de una avenida, junto a un hipermercado, y habría podido estar en los Estados Unidos, por ejemplo. ¿Debajo de la nueva extensión de la ciudad estaba el campo que se llenaba de ranas en la estación de lluvias y de escarabajos voladores en abril? Me sentí tan fuera de lugar como habría estado treinta años antes si, siendo estudiante, hubiera ido al colegio un sábado. En el día de descanso a lo mejor habría descubierto que, cuando no había clase ni recreo, el colegio estaba en una avenida y en otro país, como estaría en el futuro, como está ahora. O habría descubierto que era, además de un colegio, una estación de gasolina en un sueño.

En la Tierra todo está siempre al borde de estar fuera de su lugar. Atardecía cuando rodeé el lote, y el cielo era magnífico, rosado. El día iba acabándose hacia la montaña. Ese cielo de Marte era para mí lo más mío, lo más propio del lugar al que yo pertenecía.

Todo lugar es otro lugar. Uno es de ese otro lugar. Ser de ese lugar es querer conocerlo, y querer conocerlo es dar vueltas.

Uno vive y gira en torno a sí mismo, y se revoluciona, como el motor que se alimenta en la gasolinera repetida.

No sé dónde acabar. Creo que quiero acabar viviendo en un lugar que pueda atravesarse a pie en una jornada: en un día de caminar todo el día. Quiero morir allí circunscrita. Quisiera que mi lugar fuera el camino.

Lujos

Las vacaciones del colegio eran largas y yo las pasaba en la casa de mi abuela. El abuelo estaba vivo, pero durante el día estaba trabajando en una oficina en el centro; por eso me sale decir «la casa de mi abuela» y no «de mis abuelos». Mi mamá me llevaba por la mañana y me recogía al caer la noche. En la biblioteca había un escritorio y, sobre el escritorio, una escultura de cerámica con la figura de Gandhi pensativo, que, para mí, era la figura de mi abuelo o de su hermano. Gandhi era áspero, cetrino, opaco, salvo el *dhoti*, que era de esmalte blanco, liso y brillante, y era el foco de la estatua. Que esa parte tuviera una textura distinta del cuerpo significaba que venía de un tiempo que no era el del cuerpo. Era el lujo. Saltaba hacia mis ojos. Era el mismo blanco de mis ojos. Yo entonces no conocía la palabra *dhoti*; aquella prenda brillante era un trapo envuelto en la cintura de Gandhi, que era un «héroe de la paz», que no era mi abuelo ni hermano de nadie, y estaba sentado, con las piernas cruzadas, en un país de prendas lejanas.

Dentro del cajón del escritorio estaban las hojas blancas. Papel bond tamaño carta: suave y amplio. Era el lujo de las vacaciones. Durante el año escolar uno dejaba sus marcas en papel áspero y pequeño: en cuadernos cosidos, de hojas amarillentas que se seguían unas a otras, que continuaban unas en las otras y tenían márgenes rojos y renglones grises, que eran horizontes sobre los que se trabajaba. Yo no paraba de escribir. Copiaba durante la clase todo lo que la profesora decía, como si tomara dictado, para terminar ya mismo el renglón y bajar y llegar rápido al final de la página. Llenar cuadernos era mi condición, mi labor, el tiempo. El colegio era seguir y seguir. Las hojas blancas del cajón del escritorio de mi abuela, en cambio, eran para parar y ponerse a mirar hacia otra parte; para que mi abuela le escribiera cartas a una de sus hijas, que vivía en Chicago, y para que, en las vacaciones, yo hiciera lo que quisiera.

Las hojas de las horas libres estaban sueltas y eran suficientes y únicas. La discontinuidad. La incoherencia. Cada una, un país lejano como el de Gandhi y como aquel donde mi tía vivía sin ser de allá. Eran viajes quietos. Países como el trapo en medio de la estatua. Eran todas para uno, para todo, para lo que fuera. En ellas, yo quería hacer tres cosas: planos de casas, diseños de vestidos y listas de nombres de niñas.

Dibujaba la casa donde viviría en el futuro, que llegaría cuando pudiera vivir sola. Aquí, en este rectángulo, la sala, que dará a un jardín. Aquí, mi cuarto. En el baño, una piscina. En mi cuarto, junto a la ventana, lo más importante: una mesa baja de mimbre, redonda, con sillitas de mimbre alrededor. En un almacén de artesanías de la carretera, en un viaje al campo, en otras vacaciones menos quietas, yo había visto unos muebles así. ¿Quiénes iban a sentarse en mis sillas?, ¿a hacer qué? ¿Unas niñas, cuando yo no fuera una niña? Se sentarían a pensar en el resto de la casa que yo habría imaginado. La casa, la vida, todas las cosas que iban a caber en la vida se concentraban en esa mesa redonda de dorado mimbre que recibía la visita. El futuro era un cuarto donde el pasado se sentaba a descansar. Eso era el lujo.

Dibujando vestimentas gastaba mucho papel bond durante las vacaciones. Si me equivocaba o cambiaba de parecer, no borraba, sino que volvía a empezar en limpio. En cada hoja debía quedar una mujer vertical, con botas o con zapatos de tacón alto, falda o pantalón, blusa, chaqueta, gabán, cinturón, una hebilla en el pelo, o dos, la cartera colgada del hombro, aretes, collar, reloj, pulseras. Se llamaba «diseño de modas». Era una manera de descubrir qué significaba lo apropiado. Como yo vestía a esas señoras nadie se vestía. Dibujaba sin colores, solo con el lápiz. Los colores se elegirían después, en otro lado. Eran el lujo.

A veces trazaba renglones con una regla en la hoja blanca. Era el juego más largo de las vacaciones. Convertía las hojas lisas en otras parecidas a las ordinarias de los cuadernos escolares. En cada renglón escribía un nombre de pila, que podía ser compuesto, y dos apellidos. La hoja era la lista de las alumnas de una clase, en orden alfabético. Era también el salón de clase. Con solo poner los nombres, yo veía a las niñas y organizaba en el espacio sus pupitres. Sabía si ellas habrían podido ser amigas de una como yo. Cuáles se agrupaban entre sí. Cuál tenía nombre de ser la mejor estudiante (Juana Paola García Esparza). Cuál «debería esforzarse para dar más de sí», que era algo que la profesora había escrito en mi reporte bimestral, sin considerar que estar viva era ya darlo todo. Cuál tartamudeaba cuando la ponían a leer en voz alta. Y la que no tenía amigas, no sé por qué. Nadie sabía por qué. Su nombre no daba ninguna pista sobre la razón por la que las otras no se metían con ella. En el recreo, cuando la veían de lejos, gritaban: «¡Se vino, se vino!» y salían a correr. Y ella ni siquiera había querido juntarse con ellas. Ni siquiera quería que la vieran. Quería ser como las hojas sueltas: un cuarto con una mesa y sillas, un salón de clase lleno, un país de héroes, una vestimenta, un lugar que va de aquí a aquí y desde todo esto hasta esto mismo.

No sé si he conocido en mi vida el amor que nos decimos, el amor que queremos. Es demasiado vasto ese amor. Es el Polo Norte o el Polo Sur, blanco, borrascoso, absoluto, inexplorado, en el límite de la Tierra, dándole redondez a la Tierra. El amor que me conoce respira un poco, se llena de aire y se llena de todo, y regocija, y enseguida se entristece. Ni un desierto esforzado y plano en el corazón de un país es tan triste como él queda. Amarillo. Admirado. Sopla el viento y hace andar la duna.

La amistad creo que sí la he conocido. Creo que ha sido la vida, la alegría del tiempo: tampoco una blancura franca, sino un camino bueno. La confianza posible. Pero a veces he pensado que tampoco la amistad existe aquí. Que nadie vivo y mortal es amigo de otro mortal vivo. Que la amistad es imaginaria y sucede en el cielo, y es el final, la unión, la fundación de una nueva tierra con una ley deseada, el límite fugado. He pensado que uno necesita hablarle a otro que hable como uno, y entonces llama amistad a la conversación, sin que haya amistades, sino una cadena de enseñanzas y noticias. He pensado y dicho que nadie está a mi lado; que la adyacencia, la contigüidad hombro con hombro —ese amigo—, está en el sueño. Que, en la vigilia, unos van adelante y otros atrás de mí. Que hay solo pasar y pasos, y lo único horizontal es el horizonte, que tampoco es horizonte, sino curva y renglón de un cuaderno, línea para poner letras que forman palabras al sucederse unas a otras, como las personas en su suplantarse, que no es la amistad con la que soñamos. Otras veces he sabido que la amistad sí la he conocido: ha sido la vida, la alegría del tiempo, las palabras que no se suceden unas a otras, sino que se leen juntas. La oración y su justicia.

El camino no es lo mismo que la vida. El camino es infinito.

«El camino es infinito. No hay nada que restar ni nada que añadir, y sin embargo cada uno lo mide con su propia vara de medir infantil. Ten por seguro que también tienes que recorrer esa vara de camino. No dejará de tenérsete en cuenta», escribió Kafka en su cuaderno, que era como el mío, el 25 de noviembre de 1917.

Uno cierra los ojos y se da la instrucción de imaginar un camino, así simplemente, un camino, y el camino que se le aparece en el ojo de la mente es de tierra, más estrecho que ancho, bordeado de árboles. Sombra con sol. Un camino es la hoja lisa, el renglón de la rayada, el dibujo en la pared, la costura de la ropa, el estar acostado, el nombre a gritos. Un camino es la parte que se salvará. ¿Qué cosas que no sean un camino se parecen a caminos, de modo que también lo son? Una serpiente, un pelo, una oración escrita, la cinta métrica, un lazo, la arteria. No sé si un río: es difícil y vuela. La conversación. Cada forma de vida que se abre dentro de mí para desembocar en esta voz.

«El verdadero camino pasa por una cuerda que no está tendida en el vacío, sino casi a ras del suelo. Parece más bien destinada a hacer tropezar que a ser recorrida», escribió Kafka.

Las niñas cuyos nombres yo componía en la hoja blanca no eran mis amigas ni hablaban conmigo. Yo no las conocía. Las estaba creando y era su profesora. ¿Cómo crear lo que no se conoce y cómo no conocerlo tampoco después de haberlo creado? El nombre aparecía en el renglón (Arango Isaza María Isabel), y eso que se nombraba tenía padres, abuelos y vacaciones, sin que yo me detuviera a imaginar el nombre de los padres, ni la casa de los abuelos, ni los juegos de las vacaciones.

Yo enunciaba a mi no amiga inexistente (Báez Arocha Edina Rosa), y lo suyo quedaba resuelto, desatado y existiendo, y caminaba a mi lado mientras yo pasaba adelante, en mi mañana de vacaciones, a inventar a la alumna siguiente, cuyo apellido debía comenzar por C, y a dar de su vida solo una pista: «La letra podría ser mejor». Tal vez así mismo había hecho Dios al crearme: con una nota que dejaba que el resto de mí se formara al lado de su atención. (El resto de mí: el esmalte de la estatua, el blanco del ojo, el trapo en la cintura, el lujoso tiempo, la hoja en el cajón, mi amiga).

Fríjoles

Le pedí a mi madre su caldero viejo para hacer arroz. O para cocinarlo, que significa que el arroz pase de ser duro a estar blando, y sus granos aumenten de tamaño y se entreabran. El arroz ya está hecho, en su forma cruda, desde hace casi tanto tiempo como está hecho el tiempo de los hombres. Podríamos imaginar que lo hizo —no en su forma actual, que es agrícola y por tanto humana, pero sí en una forma salvaje, que contenía su forma actual y que su forma actual contiene— una de las potencias divinas, la misma que estuvo encargada de la hechura de la avena; no de su creación exactamente, pues crear no puede encargarse y solo la Fuente Divina crea.

La potencia divina que generó o hizo el primer arroz también hizo o generó todos los demás pastos que dan espiga. Puede llamarse la Hacedora de los Granos. El Granícola. La Arrocera. Azazú.

Una potencia divina es como un caldero de Dios.

Es, también, como una sirvienta de Dios.

Una sirvienta de Dios es una palabra de Dios.

Tal vez todas las cosas que conocemos son, aunque parezcan crudas, versiones cocidas —ya entradas en el tiempo y por él curtidas— que han sido preparadas por una potencia de Dios a partir de cosas que la Fuente de Dios dejó hechas en una versión anterior, en un estado más crudo, o más bien, radicalmente crudo. Así como nosotros hacemos que el arroz pase de crudo a cocido en un caldero, una potencia de Dios ya hizo que el arroz verdaderamente crudo (que no conocemos) se transformara en la versión del arroz que tomamos por cruda en el arrozal, y que es, en realidad, una versión ya cocida.

Dicho de otro modo: de la Fuente de Dios salió un arroz cuya crudeza no es descriptible. Ese fue el arroz creado. Una potencia de Dios lo cocinó entonces, que significó hacerlo visible y comprensible. Se produjo así el arroz que surge de la tierra; que se levanta del submundo en su planta, lenta y rápidamente, estirándose desde la oscuridad de abajo hasta la claridad de cada noche.

Después de que la potencia de Dios actuó, el humano remotamente pasado —que percibimos como toda la potencia humana— domesticó el arroz. Luego, los humanos plurales han vuelto a sembrarlo. Y después lo cocinamos, cada quien en su fogón.

El tiempo es el camino de lo más crudo a lo más cocido. Es el fuego.

Las versiones cocidas de las cosas son las versiones conocidas de las cosas. Cuanto más cocido es algo, más puede conocerse, a menos que sea al revés.

No conocemos nada en la forma crudísima que tiene al salir de la Fuente de Dios. En el otro extremo, en su forma cocidísima, en su forma última, cada cosa parece y es cualquier otra cosa y todas las demás, y tampoco así la conocemos.

Lo que llamo potencias de Dios son los diversos modos de cocción que generaron lo conocible.

Las caricias, por ejemplo, surgieron (o resultaron) también de una de las potencias de Dios, por medio de uno de los modos de cocción. Y son, ellas mismas, modos de cocción. Cada cosa es, además del resultado de la cocción, el proceso de cocción: una manera de preparar la realidad. En cada cosa, la realidad está preparándose en forma de la cosa.

La cosa cruda, singular e ignota, se convierte en muchas a través de las cocciones, y luego la variedad se cocina tanto que forma una cosa general, común y unificada. Imaginar esa cosa última, indistinta, puede ayudarnos a imaginar la primera, igualmente indistinta.

La realidad se prepara a través de la sucesión de acciones culinarias, que es la historia de lo existente. ¿Se prepara para llegar a qué?

En lugar de decir «tiempo» podríamos decir «corriente de las acciones».

Antes dije que el arroz que cuezo en el caldero está ya cocido cuando está crudo. Al cocerlo otra vez para comerlo, soy una potencia de una potencia de Dios.

¿Y al comerlo qué soy de Dios? ¿Soy una qué de Dios? ¿Una comedora de Dios?

Y el fuego, que lo cambia todo de más crudo a menos, y de duro a vivo, y de fuerte a esta debilidad creciente de la vida, puede ser otro nombre de la Acción de Dios. O puede ser el chorro de la Fuente de Dios. O el tiempo, como dije antes.

«O el fuego es otro dios», me dice la voz del arroz, que, después de estar cocido y cocido y cocido, el fuego de mi digestión vuelve a cocer. «Lo muy cocinado, lo más logrado, lo más terminado, lo más general —que por su unificación permite que contemplemos lo más crudo y singular— son, a lo mejor, las heces. Debe haber alguna manera de mirarlas que permita figurarse el mundo como primero lo creó la Fuente de Dios, que es también, por tanto, la Alcantarilla de Dios», dice la voz del arroz, que no es el arroz mismo.

Pensé que era posible que la misma potencia divina que hizo el arroz y la avena hubiera hecho la arena, aunque la arena no solo no se come, sino que es la propia estrella de lo incomible, y tampoco se genera ni se reproduce, a diferencia de la avena, sino que se degenera solamente. Cuando el tiempo la muele, la piedra se convierte en arena. Las arenas son las degeneraciones de las piedras.

Me parece que debería decirse, al menos en algunas frases, «el arena».

El arena es lo más múltiple que yo conozco. Lo más numeroso. Y como es lo más incontable, también es lo más unitario. Toda la arena es una, pero no es lo más unido. En ella se conserva la particularidad; no pasa como con el agua, cuyas gotas se juntan y forman un solo cuerpo en el que se pierden. En el arenal junto y extenso, sigue habiendo un grano, otro grano y otro. Siempre hay un grano entre el arena, que no se disuelve mientras la realidad sea esta que leo.

Y la arena, tan abundante y junta, es también la fábrica de la escasez: en el arenal del desierto nada nace.

Fue allá donde los hombres pudieron imaginar al Dios que es Uno. Al Dios de antes de las cocciones. En el desierto del calor que cuece, pudieron pensar en la Fuente de Dios. En el lugar donde el manantial se esconde, y en el sitio de donde el océano se fue, los hombres pensaron en el agua y en el fuego.

Del otro lado del manantial que brota y anega el suelo y riega el arroz, está la mar salada, que es la muerte. Significa los viajes, los otros mundos; no sirve para el cultivo ni para que el grano germine y el hombre se asiente. Pero es del mar, dicen —o sea, de la distancia—, de donde los vivientes surgimos. No hay nadie que haya comprendido —aún mientras jadeaba— cómo el mar es la vida y es la muerte.

Atrás quise decir que la realidad se prepara por medio de un proceso de cocción que equivale a una intensificación continua del ablandamiento, y pareció que yo ignoraba el huevo —entre otras cosas—, que no se ablanda cuanto más se cuece, sino que se endurece. Y el huevo no debe tomarse por una simple excepción, pues es metáfora de casi todo. O no ignoré el huevo, sino que consideré que él, esa circularidad donde crece el ave, está en otra parte o es otra realidad. Yo me encuentro, con una parte de la vida, siempre en la realidad del huevo. Me ocupa la presencia, en él, de lo que no pudo ser; de aquello que es su propio camino demediado. Todo mi dolor es el huevo; no la casa donde crece el ave, sino el otro, que es una mitad de la causa de la persona.

Habría podido ser, según los miles de huevos que yo contenía al nacer, que de mí se hicieran otros como yo, siguientes a mí, que me negaran o que me cumplieran, y que me transportaran en su cuerpo, por haberlo yo querido, hasta el fin de este mundo. En cada uno de esos miles de huevos habría podido entrar otro —y entrar el amor— para que se formara un nuevo.

Hace mucho tiempo, en un huevo, en mi vientre, en mí, en una habitación, tuvo lugar el inicio del proceso que no es ablandamiento ni endurecimiento, sino división: vida distinta. Se adelantó una formación que no podía acabar; un movimiento burbujeante, una salida de sí solo en lo oscuro. Fue un esfuerzo perdido. Un animal perdido. Yo, que apunto y grito —por ejemplo— porque un hombre deseado no me quiso y me hizo perder el tiempo y me quitó un tiempo previsto, olvido que impedí que naciera una vida que tenía de mí todo.

Existe un ser que solo estuvo aquí, adentro. Y existió el atrevimiento.

El resto de mis miles de huevos se descontaron entre mis piernas durante años, uno en cada mes lunar, cumplidamente: su madurez, su salida, su bajada, su aposento. Y al final del mes, la devastación del lugar y la expulsión: la sangre. La posibilidad que, de vez en vez, no fue. Después, el olor del coágulo negro en la tela y el papel, a araña y a cadáver, y el pez de tinta que se disolvía en el agua. Y en los dos o tres días anteriores a rendir el huevo, mi apartamiento destructor de todos los lazos que atan la existencia a la existencia; la desesperación que me agrietó —un estado de ánimo terrible y pasajero—.

Lo que yo más he comido en la vida es arroz. Estoy hecha de arroz, sobre todo.

En el fuego y con el agua, él pasa de ser duro como diente y cristal a parecer casi tan blando como nube. Y pasa de ser blanco transparente (a veces un poco amarillento) a ser blancuzco opaco. Deja la apariencia de cosa de dentro de la tierra —de una mina o de la cueva de la boca— y se vuelve como algo que podría estar estampado en el cielo.

Solo una vez he soñado con Jesús. Él estaba de pie en mi sueño, y yo frente a él, y el sueño parecía una verdad que sucedía.

Jesús tenía la mano abierta, y en la palma un grano de arroz, creo que crudo. Su voz decía «Aquí estoy» o «Estoy aquí». Salía del centro del pecho. Salía del frente de Jesús. La voz era el frente. «Aquí» significaba el grano de arroz, y el grano de arroz había salido de una boca y era el diente en su mudez: el diente en su no ser la lengua. «Aquí» también significaba que Jesús estaba en mi sueño y en mi vida y en su espacio y ante mí —más alto que yo— y en la existencia.

En lugar de tener un hijo, dormí mucho y soñé mucho. También así tuve dos vidas.

Pocas veces vi los dientes de mi madre en su sonrisa. Ella sonreía en mi vida, pero no en el tiempo, que era el ámbito del desconsuelo. En cambio, blancos y parejos, sus dientes a menudo se mostraban en una mueca de ferocidad. Mi madre retraía los labios, como hacen las lobas y mi perra. Mostraba su poder de engullirnos, reluciente y liso.

Mi madre, aguja del despecho, resistencia a la gracia de tener el corazón afuera, es un peso que me traspasa, un collar de colmillos que el mal y el bien me ponen alrededor del cuello.

Mi madre, que me enseñó la guerra, me enseñó también la justicia. Y la complejidad. Y se dedicó a leerme cuentos.

Yo vi a alguien tratar de extinguir su propia alma. Lo vi querer pesar más de lo que pesaba, poner todo su peso en la suela del zapato y sofocar su llamita en el suelo. El fuego abrió en la suela un agujero invisible, hizo un humo y se apagó. O no se apagó, sino que quemó el zapato e hizo que el pie se levantara, y no se extinguió, sino que siguió brillando en el suelo, para siempre hacia arriba, la brasa atrás y lejos de aquel pie cuya alma era; del que había querido apagar su propia luz y seguir vivo sin llama.

Lo vi: nada se apagó, pero la luz se fue a vagar.

En otro tiempo me pregunté quién habría podido llegar a ser yo, y cómo se quería que fuera la persona que habría podido darse en mí, si no hubiera nacido entre la fuerza y la furia. ¿Sería más buena, o podría ser buena de una manera más aceptable, más conocida, más cocida?

En otra vida se verá.

O se vio el jazmín en una vida pasada.

Le pedí a mi madre su caldero para hacer arroz, pues arruiné el mío al dejar que se quemara y al tratar de desquemarlo con un polvo abrasivo para limpiar baños, pues la esponjilla metálica no bastó. Mi caldero, de aluminio plateado, tomó un tono dorado que me hizo pensar que el polvo se había incorporado a su materia y me envenenaría, y yo me abrasaría por dentro si comía algo preparado en él.

Es recomendable no ingerir nada dorado. Esa coloración de la luz es para los ojos, no para la boca; no es para entrar, sino para iluminar, aunque tal vez iluminar también sea entrar, pero de una manera que no entraña pasar de un lugar a otro.

Entrar por los ojos no es pasar de un lugar a otro, sino de un lugar al mismo.

Yo había visto, cuando fui a almorzar a la casa de mi madre, que en su cocina había un caldero nuevo, negro. Como necesitaba reemplazar el mío, se me ocurrió que a lo mejor ella guardaba el suyo antiguo, el plateado, que ya no usaba.

«Mi madre», digo por escrito. Al hablar en mi país, diría siempre «mi mamá». Decir «mi madre» en Colombia suena afectado, pero yo me siento afectada si por escrito me refiero a ella como «mi mamá», pues me dirijo a personas que no me conocen ni la conocen, y que son adultas.

El texto no es mi país. Tampoco en el texto vive una familia, y el texto no es familiar.

En este país tenemos la costumbre, pues, de no decir «madre» ni «padre» al referirnos al parentesco de progenitura, sino siempre «mamá» y «papá», aunque seamos distantes de la persona referida: «La mamá de Aquiles es Tetis», diría la gente aquí. «El papá de Pablo Escobar era un hombre débil». A lo mejor esa costumbre de no mencionar sin afecto las relaciones de filiación está en la médula de nuestro cautiverio, de nuestra inmadurez y nuestro no poder acabar de nacer, que se refleja también en otros rasgos del habla colombiana, que no prescinde de los diminutivos cuando no se refiere a cosas pequeñas, que dice «regáleme» en vez de «deme» al pedir algo, que pide «perdón» en vez de «permiso», y que, antes de expresar una opinión, dice «Qué pena, pero…».

Mi madre nos golpeaba con rabia y melodrama. Menuda Medea incesante, alternaba la recitación de nueve ofensas. Nos retorcía la carne del brazo entre los nudillos, con un movimiento al que mi hermano y yo le dimos el nombre de «O Caranguejo» años después, en medio de un viaje de muchas semanas en bus por el nordeste brasileño, durante el que nos entretuvimos celebrando, con combates de pellizcos, una niñez medio tiznada. Ella siseaba con la mordida apretada y el cuello trabado: «Está maldita por su madre: acuérdese». Luego dejó de golpear, pero todavía supe abrirle. Mi madre, la arrasadora de mi madre, pero no de mi fe; la descubridora de mi pena y de los temores con que distraigo mi dolor suyo. El amor mío.

En un acceso de ira, me dio, un día, un mordisco en el hombro. Sentí terror de que pudiera arrancarme la parte. Me hice consciente de que podían sacárseme pedazos. Tuve, tal vez, una punta de excitación sexual. La absoluta sujeción. La súplica. La concentración en la boca del depredador. La destrucción en la boca de la depredadora en la que yo misma había estado formándome. La madre que se cierra sobre el cuerpo que un día tuvo su cuerpo por puerta. Los dientes de la vagina propia. A lo mejor quise esa dentellada desbocada; que ella me comiera y me digiriera, y volver a nacer más cerca de la Fuente de Dios.

Una mujer denunció en Facebook a un productor de cine por haberla mordido en medio de un encuentro sexual. Él la mordió con mucha fuerza y sin haberle preguntado antes si quería que la mordiera. Un amigo mío me lo contó en una piscina y me dijo que también a él se lo habían hecho alguna vez: un mordisco sin avisar, brutal, humillante, de pura pasión y puro robo. Cuando oí la historia, no confesé que yo había dado también esos mordiscos, de cariño.

En la piel me quedó, durante un tiempo, la marca de la dentadura maternal: dos semicírculos como un brocal y el sello de la misericordia. Cuando el bocado, es posible que yo tuviera seis años, como es posible que tuviera diez. He guardado el recuerdo como un ahorro que me hace compadecible y que compensa por otras torturas de casa que no llegan al escándalo.

Mi mamá era también madre de sus dientes.

El caldero que me dio no tenía un solo milímetro que no estuviera ahumado y percudido, pero parecía limpio. Y era que estaba limpio a su manera: sin un grumo, liso. Había sido plateado, como el mío de aluminio, pero ya era del color del alquitrán. Estaba cubierto por una pátina de aceite viejo. ¿Cuántas veces había hecho arroz mi madre en él? ¿Ochenta mil? ¿Era el mismo caldero en el que preparaba el arroz insatisfactorio —no porque no supiera bien, sino porque era poco— cuando éramos niños? ¿Ella, tan asquienta, no lo había lavado bien?

Era una excelente cocinera. «¡Qué sazón!», decía la gente; «la sazón costeña». Mi mamá.

Preparé en mi casa un nuevo arroz en el caldero suyo, con la esperanza de que sabría a lo que sabía el que ella preparaba años atrás. Le puse pimentón, como ella hacía. Pensé en ponerle fideos, como ella, pero los que encontré en la despensa estaban viejos y debían saber a trapo. Le puse cebolla larga. Quedó listo y sabía como el de mi madre, pero entonces me di cuenta de que el sabor del antiguo arroz no solo era rico, sino también de metal percudido y ranciedumbre.

Tiré a la basura el caldero con el arroz, salvo por una porción que guardé para almorzar y un poco para envenenarme.

Aquí el caldero para hacer arroz deja esta historia.

Con él, mi madre me dio un frasco de vidrio lleno de fríjoles estofados, de los que se llaman «cabecita negra». Me los comí al almuerzo, con el arroz. Deliciosos. Los miré y los llamé «cabecita negra» y «ojito negro», y luego «pancita negra», pues me pareció que el lunar marrón oscuro que tenían en el cuerpo estaba más en el lugar del vientre que donde habría estado una cabeza.

«Fríjoles pancita negra», les dije, y seguí diciéndoselo cuando ya había terminado de almorzar, y después de lavar la olla donde los calenté, y seguí rezando ese nombre como si fuera el de un niño dios.

Cada fríjol era un cuerpo con un ombligo negro, pero también era el ombligo de un cuerpo, un ombligo sucio.

Creo que la serpiente del Génesis —la asociación del mal de la mujer con el mal serpentino— es una figuración de las ramitas (el perejil, famosamente, y luego las cánulas de varios tipos) con que nosotras, desde mucho antes de la invención de la escritura, hemos interrumpido nuestro embarazo.

La culebra es la forma que entra en el vientre e impide nacer, o provoca un nacimiento que es muerte. Es un pene largo y flexible que vuelve sobre sí, se muerde la cola, no da lugar a la vida y cancela el tiempo; un pene flácido y avanzador, la forma antifálica, impotente y poderosa, desfecundadora.

Yo tenía diecisiete años y fui a un sitio clandestino, cerca de donde ahora vivo, a que sacaran de mí el embrión que crecía y me cargaba. Me metieron por la vagina un tubo, una forma de serpiente, que succionó y desprendió la otra forma, que era «como un fríjol», según la enfermera que asistía al médico abortista, aunque, probablemente, ni ella era enfermera ni él sabía de medicina. El método se llamaba «por aspiración». Era como si hicieran una limpieza, que no era lo que hacían. Años después, una bruja de no sé qué calaña me dijo que mi hijo muerto habría sido una niña.

Fue un gran dolor que a veces vuelve a doler, arremolina el tiempo y me hace saber que volvería a hacerlo, pues yo tenía la aspiración de seguir creciendo en el mundo. Es un dolor que me remuerde pero que no hace que me arrepienta.

Nací, según me han dicho, con el cordón umbilical alrededor del cuello, como una serpiente, en un parto largo y peligroso. Hoy, que tengo venas incontables, tejidas a lo largo del cuerpo como muchas culebras, puedo pensar que la serpiente de la rama abortera es también el cordón umbilical que todavía me une a mi madre y a mi hija muerta.

Y la víbora es esta lengua.

Maruna dice que las culebras y las lombrices no son animales completos («animales por sentido propio», dice), sino colas de animales que no tienen cola. Las serpientes son las colas de los humanos, mejor dicho.

Me comí los fríjoles que mi mamá me dio el día en que fui a pedirle un caldero, deliciosos y un poco con sabor a sangre. Se acabaron. Lo que se acaba no enseña nada al acabarse, a menos que se meta en la historia de otra cosa y pase a formar parte de otro cuerpo, y revele, así, que no se ha acabado. Los fríjoles están en la historia del caldero, que está en la historia de cómo mi madre mordía a su hija, dejaba de comer durante días y cocinaba bien, pero en pocas cantidades, que es una historia del amor avaro, o del no amor, pero también es una historia del amor simplemente, del simplemente imposible amor de ella por mí y de mí por mi madre malquerida, y por los días de su ternura, que existieron y fueron pan blando, que es una historia ilustrada con una lámina en la que se muestra a mi bisabuela dándole a mi abuela leche amarga, que está en un álbum de las Potencias de Dios, que están en la Fuente de Dios, que está en la Vía Láctea y en la historia de las historias, y que sería, después de todo, el amor de las madres si alcanzara.

El pezón también es un fríjol.

Cada cosa, al convertirse en otra, muestra que su imagen está incompleta. Al hacerse pezón, el fríjol invita a que se vea la imagen siguiente de él; una que siga descubriéndolo y que muestre que él, en cuanto fríjol, no era él mismo del todo y estaba menos vivo de lo que podría llegar a estar.

La forma sobrevive, de historia en historia, de apariencia en apariencia, de fríjol a ombligo, de ombligo a embrión abortado, de embrión salvado a pezón, de pezón a Dios: de entidad en entidad, sin fin, hacia la extinción de las identidades. La conciencia de lo inacabado nos aboca a la fe del infinito.

Y ahora me doy cuenta de que el fríjol está en el hijo no solo por la semejanza de su forma con las del embrión, el pezón y el ombligo, sino también por las tres letras que tienen en común.

Ya no había fríjoles. Me los había comido. Seguirían por supuesto dentro de mí, soltando nutrientes y produciendo mi carne, como mi madre cuando estuve en ella, pero ya sin aparecer ante mis ojos ni en mi boca.

No se acabó Jesús cuando desperté del sueño en que lo vi.

El sueño recurrente del teléfono que no funciona, que provoca ansiedad o angustia (no puedo marcar un número en el teléfono, pues el aparato está dañado, o no recuerdo el número al que quiero llamar) me hizo pensar en que la primera relación que tenemos —y la más fija, importante, permanente, insidiosa— de nuestra vida fue con alguien a quien no veíamos. Nuestro primer contacto con otro ser —la madre, que determinó todos los demás contactos—, nuestro primer afecto y nuestra primera relación de dependencia fueron con alguien que ni siquiera sabíamos dónde estaba (pues estaba en todas partes).

La historia de nuestra civilización es, entre otras cosas, la carrera de la comunicación —esto lo ha dicho, supongo, todo el mundo—. Por medio del libro, del teléfono, de Internet, queremos llegar a la persona total cuyo rostro no vemos o cuyas manos no tocamos. La tecnología y la aceleración del transporte —que hace que lo doméstico crezca sin medida y adelgace el exterior cada vez más— trazan un camino de regreso al útero. Y nuestra creciente predilección por comunicarnos sin encontrarnos cara a cara no es ninguna perversión nueva, sino una proyección de nuestro primer contacto. El teléfono es el cordón umbilical.

Y el sentido inverso, el de salir y estar a la intemperie, en el infinito afuera, y mirar a la otra a los ojos y tocarla, y mamar del pecho y haber nacido, ¿cómo podríamos andarlo, a esta altura, si desde que inventamos la escritura estamos yendo de regreso a la internación en la matriz? ¿Cómo nacer? ¿No estamos soñando con una eternización prenatal, con una muerte uterina, con ser abortos, absortos en la madre para siempre?

Después de haber llamado «pancita negra» a los fríjoles mientras me los comía —como mimándolos, como la mamá que te muerde y también te denomina—, empecé a pronunciar —ya recostada en el sofá, en una siesta despierta— otros nombres de fríjoles que conocía: fríjol cargamanto, fríjol cargamanto blanco, fríjol de Tundama, fríjol negro, fríjol rojo, fríjol bola roja, fríjol blanco, fríjol blanco ancho, fríjol mugo, fríjol adzuki. Y los gandules, por haberlos oído en una canción.

Como los fríjoles en el plato, los nombres se me acabaron en la lengua.

Se me acabó el conocimiento y recordé que la gente usa fríjoles para llevar la cuenta de las apuestas en los juegos.

He oído que los llaman también «frijoles» (con acento en la «o»), «frisoles» (en Antioquia y en la casa de mi abuela paterna, que parió quince veces), fresoles (creo), alubias y judías. Porotos. Caraotas. Y además les dicen «terciopelo», según leí en una cartilla del *Bachillerato por radio*. Comer terciopelo. Eso no lo sabe nadie.

Prefiero cocinarlos cuando están verdes o tiernos que cuando están secos.

Nunca los he comprado en la vaina.

Son mi comida favorita.

Hay más de tres mil variedades.

«No les van bien el agua estancada ni los suelos arenosos, a menos que se les aumente el contenido de materia orgánica con suficientes cantidades de estiércol. La cama para la semilla debe ser mullida. Después de la aradura de barbecho, el suelo debe nivelarse y debe pasársele la rastra varias veces para desmenuzar bien los terrones», decía la cartilla del *Bachillerato por radio* dedicada a las legumbres.

En todas partes se cuecen habas.

Guardo en la memoria los fríjoles saltarines de un cuento.

Hace cuarenta años, la maestra hizo que cada alumna sembrara un fríjol en una almohadilla de algodón que se ponía sobre la boca de un vaso de agua que se ponía en la repisa de la ventana del salón de clase. Mi planta creció más que las otras. Mucho más. Cien veces más. El tallo hacía curvas al trepar por la ventana, como si contara una historia y dudara y sobreviviera a las adversidades. Le salieron resortes bajo las hojas. Le salieron hojas grandes, verdes, de a tres, y también unas mosquitas diminutas que cubrieron el verdor con una especie de caspa. Era una obscenidad mi planta de fríjol en el alféizar, blanda y enorme, enérgica y enferma.

En la memoria, al vaso de agua donde crece mi fríjol le pego un rótulo en el que dice: «La quietud del árbol es su compromiso. La naturaleza más visible de alguien o algo es lo mismo que su compromiso».

Yo escogí esta vida, de la que es coautora mi hija no nacida. He sido madre de la muerte y madre de otras formas. Hago e hice concientemente en mi cuerpo una tumba y no me recrimino. Veo la sacralidad del ser solamente nocturno, que es vida y no mundo; del animal quieto que no ve la luz. Es el incomparable. Su entendimiento abarca la maldición de Job: «Que se borre del tiempo el día en que me concibieron». Tal vez Dios le hable en lo más íntimo del tiempo, como le habló a Job. Respeto su pureza sin creer que ha debido nacer ni, tampoco, que hice el bien o el mal. Pude lo que podía, y todavía hago lo que tengo y puedo. Quien no hizo ni hará nada es aquel ser. Este es el centro de mi libertad, y esta es la responsabilidad de todos.

En el islam y el judaísmo, que prohíben hacer imágenes de Dios, el objeto sagrado es una caja (la Kaaba, el arca de la alianza): un útero.

Cuando Dios le habla a Moisés en el Tabernáculo, habla la voz imposible de un nonato. «El que Es» y «Yo

Soy» es quien se es antes de ser mundo. La gloria de Dios es la de antes de nacer.

¿Todas aspiramos, todavía, a no nacer?

¿Aspiramos a no haber respirado?

Leo que la palabra latina que significa fríjol y la que significa piragua vienen de la misma raíz. La coincidencia se debe a que la vaina que contiene los fríjoles parece una barquita.

Los pasajeros de la barca que cruza hacia la muerte somos pezones y ombligos que germinarán.

He oído decir que un perro puede comer sin parar, y enfermarse por no controlar su voracidad. Un día vinieron a mi jardín dos perros vecinos con hambre. Les di pan. Estaban flacos. Les di plátanos. Pedían. Les di del concentrado que come mi perra. Les di papas fritas. Les di el resto del pan. Seguían pidiendo. Les di sopa de fríjoles y arroz. Temí que vomitaran. Me encerré en la casa. Rondaron el jardín durante horas. Me imaginé cómo sería darles toda la comida que quisieran: toda la que yo tuviera. Pasaríamos el día juntos, dando yo y ellos comiendo, sin parar, hasta que murieran de indigestión. O hasta que muriéramos todos y, entre nuestros gestos —de pedir, de no llenarnos, de ansiosamente alimentar—, hubiera pasado el mundo.

¿Quién me da a mí todo esto, esta escena que no puedo parar de comerme? ¿Qué casa es esta donde vivo, a la que he venido, con tanto apetito, de la casa de mi madre?

Pido más.

Pido lo que sea.

Quiero dar.

Creo que lo doy todo.

También doy nada.

Algo nuestro de cada día, hoy.

Se agotó mi conocimiento sobre los fríjoles, y entonces, intermitentemente durante el resto de la tarde, inventé nombres de fríjoles que no sabía cómo eran.

Dije:

«Fríjol cabecita puerca, fríjol blanco pancho, fríjol blanco pez, fríjol ráfaga, fríjol de los diamantes, fríjol amarillo, fríjol cuartocreciente, fríjol alfofofo, fríjol higadíceo, fríjol carbunclo tres, fríjol caimán, fríjol patas de serpiente, fríjol abuencéreo, fríjol tatamín, fríjol tú conmigo, fríjol Zaragoza, fríjol frágil, fríjol vapor de ramo, fríjol arrozado, fríjol de mil alientos, fríjol gaznatepío, fríjol lombriz rosa, fríjol guataguasú, fríjol maraquero, fríjol siesta marina, fríjol ruborosa, fríjol hoz y martillo, fríjol nudo, fríjol armadillo, fríjol ganasanburla, fríjol amorecido, fríjol amado, fríjol de llanto, fríjol espinar, fríjol esta canción».

Y este otro, que parece un fríjol, pero es una aceituna.

Primeros días

LAS SERPIENTES

Me acuerdo de los indios. Llegaron a la casa de mi abuela una noche, con mi tío antropólogo, y se sentaron en la sala. Venían de la Sierra Nevada. Uno dijo que le dolía la cabeza y pidió una aspirina. Vestían túnicas blancas y tenían el pelo enredado, y pude haber pensado que el enredo causaba el dolor. Me regalaron una mochila pequeña de lana, para niños.

De la misma época, hay una escena que no puede haber tenido lugar: estamos en un carro, parqueadas frente a una droguería, mi mamá, mi abuela y yo. Yo le pregunto a mi mamá: «¿Qué es más largo: una semana o un mes?», y ella dice que no lo sabe y se lo pregunta a su madre, que a su vez dice que cree que un mes, pero que no está segura, y que habrá que preguntarle a la persona a quien esperamos, cuando salga de la droguería.

Cuando vivíamos en Cartagena, mis papás me inscribieron en un jardín infantil que funcionaba en el garaje de una casa. Al regresar por la tarde, les dije que el colegio no me había gustado. Que durante todo el día solo había hecho culebritas de plastilina. No sé si sentí que pasar el día amasando era una mala manera de perder el tiempo, o si me sentí tan pequeña allí, rodeada de extraños, o tan forzada a parecer grande sintiéndome sola, que di a entender en mi casa que yo era demasiado buena para aquel garaje.

Veo las culebras, que son moradas o marrones, de ese tono de pelo y tierra que resulta de mezclar barras de plastilina de todos los colores. Veo que las moldeamos con la palma abierta sobre la mesa, bajo la instrucción de una mujer que está en bata de levantarse, o en piyama, con la cabeza cubierta de tubos para rizarse el pelo, que es la maestra.

Asistí al preescolar durante una semana. Pedí que no me mandaran más, y no volvieron a mandarme. En lugar de ir allá, me bañaba en el mar todos los días y quería a un vecino que se llamaba Carlos. Mientras lo quería no caí en la cuenta de que teníamos casi el mismo nombre. Se le hacían hoyuelos en las mejillas, junto a la sonrisa. Siempre estaba sonriendo. Estamos lado a lado dibujando, cada uno con su papel, en el suelo fresco de la terraza de mi casa, acostados panza abajo. Años después, cuando yo tenía nueve años y me había enamorado muchas otras veces, volví con mi padre a Cartagena a visitar a Carlitos y su familia. Fuimos a la playa y mi antiguo amor me enseñó a montar las olas. Estamos saliendo del mar hacia la arena, y él me toma de la mano, y yo ahora siento que le llené la mano de desconsuelo porque pronto volvería de las vacaciones y volvería a extrañar a mi papá.

En el patio de nuestra casa cartagenera, que daba a la playa, caían de la enredadera de maracuyá unos gusanos espinosos que no había que pisar. Un día, una prima que estaba de visita pisó uno. La forma del gusano le quedó impresa en la planta del pie como un fósil, o así quedó marcada en mi memoria. Ese gusano es un cuarto elemento en el conjunto cuyos otros tres son las cabelleras enredadas, las culebras de plastilina y los rulos de la maestra del jardín infantil. La imagen que los cuatro forman, el emblema del inicio de mi educación, es la cabeza de la Medusa, otra maestra. Su nombre se deriva del verbo que significa regir y mandar, y conserva una raíz indoeuropea que significa cuidar y proteger, según tengo aprendido.

LAS MANOS

Por la época en que me enseñaba las letras, mi madre escribía su tesis para graduarse de abogada. De noche yo la oía teclear en la máquina, desde mi cama, y una vez me levanté y salí al comedor, donde ella trabajaba, para pedirle que me dejara escribir parte de su libro. Ella me dio una hoja, y puse «AEIOU», que era lo que más me gustaba dibujar: hacía cada letra de un color que determinaba, aparentemente, el sonido. En los días siguientes, me acordé de preguntarle muchas veces a mi mamá si en verdad mi hoja había quedado en su trabajo.

Un día le dije «malparida». Estábamos juntas, sentadas frente al espejo del tocador. Ella me peinaba, cuando solté esa palabra que había recogido. Me pegó en la cara con la mano abierta, y yo grité, y mi papá oyó desde abajo e intervino para defenderme. Ella le contó lo sucedido, y él dijo que yo no sabía que había dicho un insulto: «¿Verdad, Caro?».

Después aprendí sobre la letra «q». No le creía a mi mamá que hubiera que ponerle al lado una «u» para que funcionara. A mis tíos jóvenes, Hernán y Alberto, les proponía: «¿Pataneamos?». Ellos me alzaban al hombro como un costal, me daban vueltas, me ponían cabeza abajo y me lanzaban al aire, y yo tiraba patadas y, entre la violencia, les daba un beso.

Mi madre conserva una hoja de papel que está marcada, en la esquina superior derecha, con la fecha «marzo/79». En la esquina superior izquierda tiene pegada una calcomanía con la imagen de un niño y una niña, que, vestidos con andrajos llenos de parches, y entre flores, leen juntos un libro. Debajo de la fecha y de la escena comienza un texto escrito con marcador marrón, en líneas descendentes: «un Dia feliPe y clauDia estaban llellendo un libro en el jardin ese libro era mui triste feliPe le Dijo que te Pasa mi querida ermanita es Mejor que nos ballamos a casa lla alla te lo cuentare la maMa le dijo que te susebe y ella No le dijo Nada la mama le Pregunto a FeliPe tu sabes que le Pasa a clauDia y el dijo No se No me a DicHo NaDa me dijo que en la casa me contaba Pero No Me a contaDo la maMa le dijo Claudia no llyores Dimelo osi No No poDre solusioNar esto clauDia le conto todo y la MaMá dijo ese proBlema No se puede solusionaR y asi termina el cuento».

Creo que al escribir buscaba qué pasaba en la calcomanía que había pegado. Quise, al hacer una historia, meter el tiempo en el cuadro. Encontré el papel este año, cuando ayudaba a mi madre a mudarse de casa. Leo esa primera cosa que escribí —la de una lectura que inspiraba un diálogo en el que se repetía una pregunta sin respuesta— para darme la noticia de que el tiempo no pasa: sigo escribiendo la pregunta por el problema que no tiene solución, que es el de la manera como no pasa el tiempo.

Desde la escritura de esa hoja hasta su lectura han cambiado la ortografía y la puntuación. El aprendizaje de mi lengua ha sido cuanto ha sucedido; ha sido mi vida. En el inicio del aprendizaje, como se lee, coincidieron el descubrimiento de la soledad y la conciencia de la curiosidad. Para que no termine el cuento —quizás en busca de la solución— he nombrado en este párrafo, en pretérito perfecto, la vida que se preguntó «¿Qué te sucede?» en presente cuando era una vida futura.

Cuando nos pasamos a vivir en Medellín, mis padres no solo me metieron al colegio en medio del año escolar, sino que también me hicieron entrar tarde el primer día, en medio de una clase. En el tablero estaba escrita la palabra «Science», y yo, que ya sabía leer, la copié en mi cuaderno sin estrenar. A lo mejor la palabra nueva se me pareció a «silencio». Más tarde, ese mismo día, mi mamá debió traducírmela y explicarme qué era la ciencia. Durante el resto del año, se quiso que yo viviera asustada: las niñas decían que, en los campos del colegio, en una caseta abandonada que había allí, de cemento, con una puerta de metal que cerraba una cadena con candado, y con una grieta que dejaba mirar la total oscuridad de adentro, vivía la Mano Peluda. Yo no entendía si la mano estaba suelta y era un monstruo en sí misma, o si estaba pegada al monstruo. Creía que la respuesta era obvia para todas las demás.

Mi vecina, que vivía en un piso más abajo, se comía a manotadas la crema humectante que su madre usaba para las manos. Me parecía que su nombre, Pamela, era divino. Me negué a probar la crema. En cambio, inventé que había visto a mi hermano comer moscas. Pregunté qué significaba «Dios». Después de que me respondieran, dije que entonces Dios era el Sol, y me celebraron. Yo cuidaba una pequeña planta carnívora que me había regalado mi abuelo, que vivía en Bogotá.

En mi cabeza hay una noche en que mi cabeza estalla. Estoy dormida entre mi mamá y mi papá, más cerca de ella que de él, y de repente siento un gran ruido encima de la sien izquierda, como de una explosión. A la mañana siguiente lo cuento y pregunto qué fue, y se me dice —o me digo— que, al pegar contra el espaldar de la cama matrimonial, se me abrió una hebilla que me sujetaba el pelo. Así se resuelve, en la narración del episodio en la memoria, el misterio. Durante años queda el recuerdo como algo sospechosamente principal, marcado por la frase: «Me estalló la cabeza». Ahora creo que la escena encubre la impresión y el recuerdo de haber presenciado el acto sexual entre mi madre y mi padre. Estar acostada entre los dos, participando de su placer o su violencia, o impidiéndolos, es la fantasía. En la realidad puede haber ocurrido que esa noche —una noche entre las noches y, en cierto sentido, la primera de mi vida— me haya despertado con una pesadilla, haya caminado de mi cuarto al de ellos, y los haya visto. Algo se abrió como una hebilla (la puerta al misterio y al vértigo del enajenamiento, el dolor del amor, y quizás las piernas de mi madre). Puede ser que la cabeza de mi madre o de mi padre golpeara contra el espaldar de la cama mientras hacían el amor. Posiblemente, ellos también me vieron y se interrumpieron para recibirme y acostarme entre los dos. Quizás el motivo por el que me repito que una noche, a esa edad, «me estalló la cabeza» sea que eso fue lo que pasó: se inauguró mi imaginación, como con una explosión, después de ver los cuerpos enredados o de escuchar el estallido del orgasmo. Sin saberlo, yo había visto el inicio de mi vida. Se produjo entonces la onda de preguntas imparables y se desataron las interpretaciones, que todavía se enraciman, sobre mi origen.

Aunque la palabra que la maestra escribió en el tablero, «Science», estaba en inglés, recuerdo que la maestra hablaba en español. O quizás la clase se dictaba en inglés, y si ahora creo que entendía las palabras dichas es porque entendía otras cosas. La maestra me indicó dónde sentarme y repartió unas hojas de papel entre las niñas. Volvió adelante y anunció que pintaríamos una mano. Yo enseguida dibujé una mano, y ella me regañó por no esperar las instrucciones. Lo que había que hacer era apoyar la mano izquierda en el papel, con la palma hacia abajo, y trazar, con la derecha, su silueta.

Se sentía bien la caricia del lápiz entre los dedos. Tras levantar la mano, la mano quedaba estampada como si se hubiera desdoblado. Seguí haciendo el ejercicio en la casa durante muchos días. Para decir verdad, durante años. El calco se convirtió en plantilla para numerosos dibujos: manos con garras, otras cubiertas de anillos, otras con ramas y hojas, otras con la palma hacia arriba y el destino expuesto, y otras con cara de animal. El trazado de la mano abierta, con los dedos hacia arriba —primero cinco, y luego, muchos más—, podía también ser una cabeza con serpientes erguidas en lugar de pelo: otra vez Medusa.

Se decidió que nos mudaríamos a Bogotá y que mis padres se separarían. Yo tendría que entrar a otro colegio, nuevamente en medio del año escolar. Como mi mamá me había enseñado ya a leer en silencio, iba a entrar, además, a un grado más adelantado que el que venía cursando. Tenía al menos dos deficiencias: era demasiado pálida y no sabía aritmética. Lo primero me lo hizo ver mi abuela materna el día en que nos recibió en el aeropuerto. Me lo dijo por lo bajo: «Hay que ponerse más coloradita, que las niñas en Bogotá tienen cachetes rosados». Se me ocurre que lo que le preocupaba no era que yo fuera pálida, sino que fuera morena. Para remediar la segunda insuficiencia, la de la aritmética, tuve que estudiar sumas y restas todos los días, en la casa, con un libro que venía del colegio. La casa era la de los abuelos, pues nosotros todavía no teníamos.

El libro de matemáticas enseñaba con monedas. Había una moneda dibujada que decía «5 pesos» y que contaba como cinco en lugar de una. Había que sumar una de 5, una de 10 y una de 1, y el resultado de la suma no daba tres monedas, sino 16 pesos. Aprendí al mismo tiempo sobre la abstracción, la representación, el dinero y la separación. Es posible que nunca más haya vuelto a ver dieciséis pesos así solos.

Los días en el nuevo colegio, donde pasé los diez años siguientes, fueron los más largos que ha habido. Yo ansiaba que llegara la hora de volver a la casa, pero no solo para volver a ver a mi mamá, sino para poder llorar sin disimulo; pues en la casa seguía llorando, como en el colegio, pero en el colegio me tapaba la cara para hacerlo, y caminaba mojada y ciega.

Lo siguiente probablemente no ocurrió. Están abajo, en la sala, mis abuelos con sus amigos. Son tres o cuatro parejas de viejos. Fuman, y el hielo suena en los vasos de whisky. Yo estoy arriba, con seis años y el uniforme del nuevo colegio. Debajo del delantal y de la blusa se usa una batita de algodón sin mangas que baja hasta arriba de las rodillas y se llama «combinación». Me meto en el baño, me quito el uniforme, me quedo en combinación, bajo a la sala e irrumpo en la reunión. Me pongo a mover la cadera y a sacudir la cabeza, mientras canto el coro de la canción «Da Ya Think I'm Sexy?» de Rod Stewart. Todos se quedan estupefactos. Hacen silencio, bajan la mirada. Siento que escandalicé. También siento que se me viene encima un alud de timidez que no anticipaba. Mi abuelo, turbado, me agarra y me lleva al segundo piso. Nadie hace después ninguna alusión al incidente. Estuve segura de que esto era un recuerdo, hasta el viernes pasado, cuando empecé a sospechar que fue una fantasía o un sueño viejo. En todo caso, fue cierto mi temprano afán por seducir y mi voracidad por un tipo de atención que no podía definir y que era total, asombrada y plenamente física. Siempre, desde siempre, anhelé que un hombre viniera, que viera, que se quedara viendo, que volviera.

Me acuerdo de un largo viaje por carretera. En el carro suena una cinta de Serrat. Me la sé entera. Voy sentada junto a mi madre, que conduce, y pregunto: «¿Estamos pasando rico?».

En nuestra casa hay un cuadro que muestra a una mujer desnuda, en un campo, posando casi de espaldas, con el pelo corto deshilachado en la brisa, y atrás unos pastos altos, o trigo, o juncos. A la mujer se le ven la curva de una teta y las dos nalgas. La pintó, en carboncillo, la abuela de la señora con la que está mi papá. Antes de la separación, él llevó el cuadro a nuestra casa, donde no viviría más. Lo colgó en una pared cerca de la entrada. Abrió esa especie de ventana desde la que pudiéramos imaginar o padecer su nueva vida. Cuando va a visitarnos, mi mamá se enfurece y le reclama el desatino de meterle en la vida ese cuadro que le regaló la otra, pero no descuelga el cuadro. Será que quiere tener, en su casa desolada, algo que desdoble la otra casa de mi padre, que es la felicidad que se le escapa. Asisto a la pelea, e imagino que la mujer desnuda es la otra y la abuela de la otra, y que seré yo cuando crezca.

Tenía una falda pantalón. Sacaba malas notas en Escritura. Las faldas pantalón estuvieron de moda entre las niñas durante unos diez minutos. Quizás la moda es sobre todo para los niños y las niñas, pues refleja la ilusión realista de crecer, de poder cambiar y dejar atrás la pequeñez del pasado, que siempre parece un uniforme. A mí todo momento pasado me parece tenebroso, pero esa falda, de pana lavanda, todavía me parece fabulosa. Yo tenía siete años y, cuando me la ponía, los sábados, me sentía una mujer que deambulaba esperando.

Me preguntaba, ofendida y acechada, si la religión era solo para hijos; si los adultos montaban el cuento entero —la misa, las iglesias, Dios— para engañar, igual a como habían hecho con los regalos de Papá Noel o el Niño Jesús.

En Navidad, mi prima rica, la que había pisado el gusano espinoso cuando éramos más chiquitas, recibió una caja que contenía «todo lo de Hello Kitty». Ella había pedido todo y, posiblemente, lo había recibido. Yo había pedido una muñeca y la recibí igualmente, con su camita de bronce. Me preguntaba si todo era posible. En la televisión o en persona, alguien dijo: «No tuve infancia». Me preocupó no estar teniendo infancia.

En el centro de Bogotá movieron un edificio alto. No me acuerdo de que lo movieran, sino de que los adultos lo recordaban, y yo me esforzaba por imaginar cómo había sido. Ellos también se acordaban de un gran incendio que había destruido parte de otro edificio del centro. En la mente, yo veía a mucha gente haciendo fuerza para empujar una pared, que se desplazaba a la vez que ardía.

Pensábamos que el futuro iba a ser hablar por teléfono mientras se veía en una pantalla al interlocutor, y un robot barría la casa. También el futuro era el fin del mundo: los niños nos contábamos que había un botón para detonar la bomba atómica, y un hombre de la Unión Soviética y otro de Estados Unidos podían apretarlo cuando quisieran. Veíamos a la Unión Soviética y a Estados Unidos saltar en las Olimpiadas. Hablábamos de lo que haríamos cuando apretaran el botón. Me acuerdo también de Irán e Irak, El Salvador y Nicaragua. Para una niña que oía distraída las palabras del telediario mientras esperaba la telenovela, los nombres de esos lugares en guerra ampliaban y prometían un mundo aparte de los amores contrariados.

Aunque me sentía desgraciada por haber ido a parar a una casa donde no estaba mi papá y a una clase de alumnas mayores que yo, me aliviaba tener la maestra que tenía, y no la de la otra sección, que era una vieja de peinados empinados. La mía era morena, tenía la cara redonda y pecosa, y se llamaba Elisa. Nos preguntó, cuando entramos a quinto, cuál era nuestro libro favorito. Las niñas dijeron *El principito*, *Mujercitas*, *La isla del tesoro*. Yo dije que el mío era *La montaña mágica*. Lo había visto en la biblioteca de mi casa. Todavía no lo he leído.

Hace unos meses me enteré de que Elisa tiene un tumor en el cerebro. Hace unas semanas, la vi venir por la carrera novena en una silla de ruedas empujada por una enfermera. Ella miraba hacia adelante fijamente, y yo desvié la mirada de su cabeza invadida de veneno, como la de Medusa.

En séptimo u octavo, entraron a mi clase cuatro niñas nuevas. Venían de colegios para familias más ricas. Traían la moda de las agendas. Todas conseguimos una agenda, que era un cuaderno con una página para cada día del año. Las páginas se llenaban con rastros de cosas deseables. Uno buscaba qué cosas podían gustarle, inventaba aspiraciones, fingía costumbres. Pegábamos en las hojas recortes de revista con la foto de Rob Lowe, envolturas de chicles importados, entradas a conciertos o a películas y letras que formaran boberías en inglés («URGR8!»).

A mí no me gustaba Rob Lowe, sino un viejo nacional, completamente calvo, que presentaba un magazín en la televisión y salía en un comercial de jabón para lavadora. No pegué en la portada de la agenda su imagen, sino una del pájaro amigo de Snoopy.

Entre las estudiantes nuevas había una que sabía hacer letras gordas como globos y otras letras menos gordas y con sombra. Dibujó su nombre en la página de su cumpleaños en la agenda de una de sus amigas nuevas, y las demás niñas de la clase empezaron a pedirle que les dibujara sus nombres en los días de sus cumpleaños respectivos. Yo fui la última en pedírselo. Me daba miedo ser la única a la que le dijera que no. Accedió, y escogí los colores para las letras: verde pasto y azul rey. Me paré a su lado para verla llenar la página. Sus dedos, que sostenían con firmeza el marcador; mi nombre, que iba quedando escrito por ella; la punta, cuyo trazo sonaba casi como si rasgara el papel y como una caricia apoyada y suelta, formando redondeces: todo eso sugería un calor, una suavidad que me hizo sentir ansias en el ombligo, y una medusa entre las piernas y en el pecho.

Le pedí otras veces a esa niña que me hiciera letreros: un «FRIENDS4EVER», por ejemplo, en cualquier página. No volví a verla después de que nos graduamos del colegio. Aprendió joyería. Hace tres años, mi amor me regaló un anillo hecho por ella.

El anillo

No recuerdo mi primer día en la universidad en Bogotá, ni tampoco el día en que regresé a la misma universidad para dictar clases, quince años después de graduarme. Pasé todos esos años inscrita en otras universidades, como estudiante o como profesora. Desde los días de la Mano Peluda, no había dejado de estar vinculada con una institución educativa.

A veces, cuando subía las escaleras para dar una clase de literatura en un salón donde había recibido con otro cuerpo mío una clase de lo mismo, me venía el temor a no haberme movido en quince años. Parecía posible que el resto de la vida —los otros aprendizajes, más severos— hubiera sido una fantasía concebida en un pupitre.

Cada día seguía en el aula donde acababa de enseñarme algo que no recordaría. Y era una cabeza sin cuerpo, sin piernas que la pudieran trasladar: Medusa decapitada por Perseo.

Los ojos

Al comienzo de mis estudios doctorales en Estados Unidos, me inscribí en un seminario que se llamaba «Justicia y literatura». La clase se reunía alrededor de una gran mesa de madera. La profesora, que era muy famosa, interpelaba a una estudiante, que debía hacer un comentario; luego la seguía interrogando sobre lo que hubiera respondido, y no abandonaba el interrogatorio hasta haber llegado a un significado, a algo que le pareciera suficientemente lleno, inteligente y serio, o al silencio sostenido. A veces las preguntas no estaban formuladas más que por su mirada severa. A veces los estudiantes terminaban turbados, con los ojos húmedos.

Aquel cuestionamiento intimidante e imperioso enseñaba sobre la responsabilidad. A algunos los petrificaba, mientras que a otros los hacía encontrar lecturas originales. Desde la primera sesión, me convencí del valor de la tensión —del drama, incluso— en el proceso educativo, como camino a través del cual puede vencerse el miedo que se siente ante la opción de pensar con fuerza.

Para la segunda sesión del curso debíamos leer el cuento «La condena», de Franz Kafka. Yo no sabía hablar bien inglés. La víspera, temiendo que los ojos de la profesora se detuvieran en mí, escribí un texto en el que discurría sobre una línea del cuento. Lo corregí muchas veces. Por la mañana había escrito mi primer párrafo en inglés y lo había memorizado. Cuando ella me miró, lo recité como si improvisara, y obtuve una segunda mirada, sonriente y sorprendida.

A mediados de semestre, la profesora me llamó por teléfono, en la noche, para encargarme de avisarles al día siguiente a los demás estudiantes, cuando llegaran al aula, que la sesión se cancelaba. Yo nunca le había hablado por fuera de la clase. El que me hubiera elegido para mandar conmigo un mensaje —esa intimidad del teléfono, que me permitía escuchar su voz de noche sin recibir su mirada petrificante— me desconcertó y me animó. Debí de sentir que casi podía ponerme la cabeza de la Gorgona en la égida.

Un amigo

En el pasado Mundial de Fútbol, el jugador que me cayó bien fue Diego Forlán, de la selección de Uruguay. Yo quería que se ganara la copa al mejor jugador y lo que hubiera por ganar en el mundo, e incluso lo que había para ganar y ya se hubiera ganado otra persona. Tan bien me caía, que lo traje a que fuera mi amigo. El domingo pasado lo vi jugando en la Copa América, en la televisión, y creo que era el mismo. Sí creo, creo que sí. Digo «Sí» tres veces: una en voz alta (resonada), otra susurrada (sin hacer vibrar las cuerdas vocales) y otra mentalmente (escuchando): una vez para todo aquel a quien le llegue la palabra que suelto, otra vez para que la palabra que yo paso le llegue a la segunda persona contando desde mí hasta el fin del mundo, y la tercera para mí misma, para mí sola, con la palabra quieta.

Sí, sí, sí.

En nuestra historia por mí inventada y puesta en el mundo a partir de mí, cuando Diego se mudó a mi edificio y empezamos a jugar con las casitas, era un niño que se llamaba Dragan y dijo que se llamaba así. Preguntó si valía que él fuera el tío y la tía de los muñecos, que eran del tamaño de nuestros dedos. Aunque ahora vaya y venga con otro nombre, que también siempre ha tenido, y aunque haya pasado el tiempo, sigue con el mismo pelo rubio que le salía de la cabeza y le bajaba cuando teníamos siete años. Es por el pelo como lo reconozco, por el pelo y por el juego, que es lo que se hace cuando se recibe una pelota u otra cosa que viene así de allá, y luego se toca para que vaya hacia ese otro lado y de aquella otra manera.

En Bogotá, en 1980, no había niños como Diego, como Dragan. Tampoco hay casi insectos en las casas: debe de ser por la altitud. El que no haya plagas hace que la gente crea que la vida debe ser de dos maneras: cómoda y decente, y también hace que la gente crea que es necesario que el tiempo, él solo, lo estropee todo, y que nada sea recuperable, y la vida sea indecente y extremadamente incómoda.

Cuando lo vi jugar el partido de la Copa América, Diego me pareció tan valioso como antes, cuando también jugaba, pero conmigo, a la familia, en las casitas de juguete, siendo Dragan, que decía venir de Yugoslavia. Primero acordábamos ser adultos ambos. Luego decíamos que él era la tía que hacía el papel del tío, y entonces manejaba en las casitas el muñeco de bigote. Decíamos que yo era la hija, que era la muñeca niña, y enseguida decíamos que había crecido, y ya era otra muñeca: la mamá. Las casas de juguete estaban llenas de aire. Estaban en mi apartamento, que estaba en nuestro edificio. A los López, del 301, la mamá se les tiró por la ventana.

Afuera y adentro había lo mismo: aire y cosas que reemplazaban un pedazo de aire y que me recordaban de otras cosas.

Cuando éramos bebés, también conocí a mi amigo. No me dijo su nombre. Todavía no vivía en nuestro edificio, ni tampoco yo, que vivía donde mis abuelos, en una casa con rosal y reja. Era Dragan, que luego le surgió, pero también era otro, y era Diego Forlán, que estaba creciendo en un país al sur. Aquel bebé y yo no sabíamos hablar y creo que además no podíamos entender lo que decía el habla. No caminábamos. No hay nada que decir de la amistad entre bebés. Uno la vive y luego la olvida, y no es como la alimentación de los bebés, que uno olvida, pero sobre la que luego puede leer y pueden contarle algo. Sobre la amistad entre bebés a uno nunca le dirán nada, pues nunca hubo un día en que los adultos siquiera la sospecharan.

Cada uno estaba en su cochecito, en el parque de la calle 85. No todos los bebés me llamaban la atención, aunque fueran iguales a un muñeco, pero él sí, que en ese momento y en ese parque quién sabe qué iba a ser, y en otro cuerpo, andando el tiempo, sería el mejor jugador de la selección de Uruguay; andando el tiempo siempre en un solo sentido, hacia la destrucción del mundo.

Me llamó la atención y no moví las manos ni hice gorjeos, pues eso no es lo importante. No hice nada con él. Lo que pasó fue que lo vi y lo hice mi amigo, y luego a cada uno lo empujaron, en su cochecito, de regreso a su propia casa: a Diego debieron de llevarlo a Uruguay, o a Yugoslavia, o a otra parte de donde nunca vino a visitarme, y a mí me llevaron a la casa de mis abuelos, que estaba cerca.

Desde entonces hasta tres años después, no hay ninguna foto de mí. No sé cómo era. A lo mejor también era Diego Forlán. Luego hay una foto en la que aparezco en la playa, en Santa Marta. Mi madre está contra el margen derecho del cuadrado, soplando aire hacia un flotador que va a ponerme para que yo me bañe en el mar sin ahogarme. Si uno se fija en el estómago de mi mamá, ve que es más grande que el de una persona corriente. Adentro está casi listo Diego Forlán, y ella lo sopla para el flotador, dentro del flotador, pero no lo sopla todo, sino que deja un poco en ella misma para que siga creciendo. Mucho después, él salió. Era mi hermano menor y vino lleno de cosas para que uno dijera de él, aunque en el aire que rellenaba el salvavidas no se le veía nada.

Naturaleza y arte

He cultivado el antagonismo desde siempre, con inconsciente cumplimiento. Me han contado que cuando era muy pequeña y alguien se acercaba para decir «Qué linda», yo decía «Yo como gente». No puedo evocar un tiempo anterior a la confrontación, un jardín donde haya sido concordante. Para mí, llegar al mundo debió de ser llegar como discorde. O tal vez la discordia empezó poco después, cuando salí de la casa y me di cuenta de que había personas que no me llamaban por mi nombre. Habrá quien diga que me siento suficiente. Otro dirá que exhibo el desamparo. Creo, como la tradición literaria, que la astucia es la virtud que acerca a la inmortalidad, y sé que no he sido astuta: no he sabido leer el deseo ajeno para usarlo en provecho de mi paz. De haberlo sabido, habría cejado en mi búsqueda de enemigos, una actividad que me intranquiliza y me siembra de rocas el camino. He actuado más como una fiera que como un dios; sintiéndome una fiera, he protegido con los dientes la cueva donde habría podido aplicarme a oír de los dioses la lección sobre la astucia, que es el saber ser de distintos modos; que es la prudencia, que es el saber responder a cada cosa no según la cosa, sino según el tiempo; que es la paciencia.

¿Qué habré estado haciendo en mi cueva al tiempo que la protegía?

A lo mejor otra en mí dormía y soñaba mientras esta que está aquí vigilaba.

¿Ser adversario corresponde a una particular naturaleza, o corresponde a todas? La naturaleza del león es la de carnívoro, y la del toro es la de herbívoro, y uno ataca, pero el otro no solo es devorado, sino que también embiste, y yo me pregunto si hay algo en mi constitución —en la manera como proceso, para vivir, lo que encuentro en el mundo y me meto en la boca— que indique si mi naturaleza es una o es la otra. ¿Habrá en mi sistema digestivo algo a lo que yo pueda remitirme para destinarme la batalla, que soy tan capaz de cultivar?

Se me deshizo en la boca la calza de una muela. Estaba escribiendo sobre mi ingestión, cuando me vi obligada a recordar que en la niñez tuve mala dentadura. Ahora mismo repaso con la lengua estas boronas de muela que deslíen mi pretensión feral, y pienso que, si soy como una fiera, soy también tan dependiente de las armas de mi cuerpo como las fieras y soy tan vulnerable entre los hombres como ellas.

Digo que no recuerdo desde cuándo cultivo el antagonismo, y es una frase insignificante, pues el antagonismo no es de cultivar. Lo más parecido a intentar su cultivo sería tal vez poner piedras sobre la tierra, en un campo, para luego volver y constatar que las piedras siguen ahí, iguales a como uno las dejó: que de ellas no nacen otras más pequeñas, y que tampoco el viento las arrastra a campos nuevos. Quien cultiva piedras no pone su confianza en la fertilidad. Si uno siembra piedras no espera cosechar y ver que las estaciones pasan renovando y aumentando, sino que quiere hacerle preguntas al tiempo y comprobar que la misma piedra está antes y después.

Una vez puse una piedra en el suelo. La dejé en un parque, para marcar la tumba del hijo de mi perra, que murió a los pocos días de haber nacido, intoxicado por la leche de su madre. Fue una camada de uno único. Se hinchó y no hubo manera de curarlo. Ocho días después de aparearse con mi perra, el padre del cachorro había muerto también de una extraña indigestión. Yo misma tuve una crisis de alergia por el tacto accidental de la leche venenosa que mató al cachorro. Mi perra les ladra a todos sus congéneres que se cruza en el camino; a absolutamente todos, con ganas, con el lomo erizado y los labios retraídos, para que despejen el camino que ella determina como suyo y que es toda la porción de la existencia que alcanza a percibir. Puse, decía, una piedra en la tumba del cachorro. Lo hice para crear un recuerdo: ¿para evadirme del paso del tiempo, o para señalar que el tiempo pasa tal como uno cree? Sembré el cachorro esperando cosechar un momento distinto de su muerte: el pasado en que él estaba vivo. Un año después, regresé y la piedra no estaba. Ahora trato de ver cómo ocurrió eso, la mano que la alzó entre todas las piedras del mundo, y solo se me ocurre decir que quien se la llevó debió de ser alguien «que se habría llevado hasta una piedra»; un recolector verdadero, cuya naturaleza era la de agarrar lo que no era de nadie y adueñárselo, para transformarse en otro con otros atributos, es decir, para construir el artificio de sí mismo. No quise ver si el esqueleto del perrito seguía bajo la tierra. A lo mejor él brotó de su muerte convertida en su semilla, se recogió a sí mismo y se llevó en la boca su breve monumento.

He levantado una roca en el bosque y debajo he descubierto un parche descolorido con raíces blancas como lombrices de intestino, y una lombriz morada y un escarabajo que escapan de la luz, pero no se encaminan hacia ninguna cueva.

He tratado de ser distinta de mí. Me he dispuesto a gustarle a la gente. He estudiado trucos, me he medido en el ingenio y el endulce, y he pensado que es bonito que el tiempo se deje oír mientras alguien me habla y yo lo escucho desinteresadamente, en el sentido de gratuitamente y también en el sentido de sin interés alguno en lo que dice. He tenido éxito y he recogido frutos, y he vuelto a ser contraria.

También he escuchado de verdad y he salvado mi vida prestándole atención al otro con todo lo que tengo, pero este texto no trata sobre eso.

Puede ser que el antagonismo no sea un arte. No se aprende, no progresa ni prospera, no se supera a sí mismo.

Uno no se vuelve un mejor antagonista. Uno está en contra y ya, estáticamente, como la fiera en la acechanza, ni en el ataque ni en la retirada. Pero no, no es así, pues la fiera no está contra nada: está hambrienta o satisfecha, y está de ambas maneras: en la justicia. La fiera es movimiento propio, fuera de nuestro proyecto, sin esperanza y sin destino.

Al ser la antagonista, quizás solamente he seguido el impulso que predomina en mi naturaleza. Pero también es posible que yo —esta que estoy mirando— no tenga nada que ver con la naturaleza.

Hoy estuve donde el médico porque me dolía un lugar bajo las costillas, al lado derecho. Se siente como una herida que se abre y se vuelve a cerrar. Como un beso doliente. Según el médico, es posible que tenga cálculos en la vesícula. Piedras en la bilis. Me nacieron dientes en el surtidor de la contrariedad. Siento un gran cansancio al anticipar los enfrentamientos que vendrán cuando defienda mis órganos —y mis dolores y mis besos— de los desconocidos que la piedra me obligará a tratar: las enfermeras y sus diminutivos irritantes, los especialistas y su aburrimiento.

Si la educación consiste en superar la tendencia natural, tengo tres caminos para educarme. Uno es el de la imitación. Para tomarlo, debo fijarme en cómo se es lo opuesto de la antagonista: la protagonista. Debo estudiar el papel, ensayar, perfeccionarme y presentarme en la entrada de la cueva, haciendo del atrio un escenario. La segunda salida tiene la puerta en los paréntesis que mi tendencia abre y en los que no me expongo ni muerdo. Puedo cavar túneles en la cueva y, a través de ellos, explicar, trazar relaciones, abrir espacios, persuadir, y contar sobre dientes, cachorros y héroes.

Jasón debe sembrar un campo con los dientes de un dragón y vencer a los guerreros que germinen de los dientes. Cuando los guerreros surgen de la tierra, les arroja una piedra que los enardece, y así hace que se maten entre ellos. Jasón vence porque los guerreros no ven que él es su adversario. Yo comprendo la historia y quiero saber si puede decirse que el héroe siembra la piedra. ¿Dónde queda esa piedra, la adversaria y deseada, después de que los guerreros se maten por ella? Y quisiera además saber si los dientes del dragón, los dientes de la ira, solo pueden sembrarse una vez.

La tercera salida es aceptar decididamente esa parte de mi naturaleza. Puedo aceptar a la antagonista —que tantos problemas aún ha de traerme— como un sacrificio con el que respondo a una gracia que se me ha concedido. ¿Qué me da el permanecer enfrentada? ¿Qué puedo dar yo al ser contraria? ¿Cumplo la función de hacer que prevalezca el héroe inmortal que ha de vencerme? ¿Y ese héroe inmortal es también una parte de mí y una manifestación de mi naturaleza? Si acepto, me propondré no antagonizar con la niña que, mientras aprende a hablar, dice que come gente; pues en eso que dice, ella tiene mucha gracia. Y, además, a lo mejor sí hace lo que dice, y sabe a qué sabe la gente. O a lo mejor no hace lo que dice, pero sabe lo que dice: que a través de ella no siempre habla ella misma.

Iba de camino a Subachoque a conseguir abono para la ceiba que crío junto al muro y que ha de derribar mi casa, cuando, al lado del camino, se me apareció una jirafa. No se había escapado de otro continente; era una de esas jirafas nativas de América del Sur que ya no se ven en estado salvaje y solamente se encuentran en este altiplano, en algunas granjas. Tan pronto como fijé la mirada en su cuerpo violeta y gris, su ternera, hasta entonces invisible entre la hierba, se levantó del suelo. Era muy parecida a la madre, igual a ella, salvo porque cabía dentro de ella. Había nacido ese mismo día o el anterior. Era muy pequeña y las orejas, largas y caídas, le llegaban hasta la mitad del cuello de jirafa. Hice un aspaviento de ternura, y la ternera fue a refugiarse debajo de la madre, que enseguida empezó a alejarse del camino desde donde yo las contemplaba. Siguieron las dos avanzando campo arriba, lentas y serenas, como despernancadas, como jirafas, la primera y la segunda. Decían: «Somos inseparables». En ese momento, su naturaleza parecía la de ser inseparables. O en todo momento su naturaleza era la de la unión, y especialmente en aquel momento esa naturaleza tenía un efecto en la imagen. Su caminar juntas era la imagen, el arte. ¿El arte no es hija de la naturaleza, sino su efecto?

Tal vez al día siguiente, unos señores se llevarían a la cría para ordeñar a la madre y, con la leche —el efecto de la ternera—, harían los dulces con forma de jirafa que son típicos de la región.

Es posible que la naturaleza de alguien no pueda ser su inseparabilidad de otro; que la naturaleza tuya sea siempre, por el contrario, lo que en ti te separa de todo: la letra que llevas en la frente.

Es posible que tu naturaleza sea siempre ser lo contrario.

Mi empeño por pelear, ese carácter, es la respuesta a las preguntas de un mundo que hay que habitar sin que se entienda. En algún momento pensé que yo sí entendería. Sola me vi entendiendo: afuera, voladora, adivinando. O me acostumbré a porfiar en que el otro entendiera lo que yo no podía. Expliqué y expuse dentro de un hueco, queriendo que me siguieran. Me entretuve.

Va a ser que la persuasión, y no la lucha, es mi arte: fingir que puede conseguirse que ustedes, a mi lado, miren hacia donde miro. Y en esa forma de arte se contiene también mi insistencia ardorosa y fracasada en el amor: la tentación de que el otro me entienda y la ambición de que suceda lo que no se entiende.

Nací. Jugué. Aprendí a hablar. Vi por primera vez la Luna. Después, nació mi hermano. Yo era morena, torva, empecinada, retraída. Él era terso, rubio, tenue. Por esa época, creo, empecé a decir aquello de comer gente y a disfrutar del estupor. Quería que me dejaran sostener al bebé y dormirlo entre mis brazos, que eran cortos, torpes, de tres años. A veces temía que en él hubiera nacido el hombre con quien tendría que casarme. Luego lo aceptaba e inauguraba en mí el sentido de la espera. No entendía bien cómo se formaban la fraternidad ni las parejas. La confusión me dura. Él era más visible que yo. Las cosas lo visitaban: los juguetes, las frazadas, las abuelas. Era el dueño de la teta. Yo decía que era feo. Pronto se configuró otra escena: los desconocidos lo confundían a él con una niña y, a mí, con su hermano mayor. Así seguimos, yo como un hombre sin hombre, y él como una mujer sin mujer.

Otro hermano perdido en mí, mayor que ambos, me susurró al oído: «Búscate la soberanía, recupera tu imperio, sé el hijo y la hija, y muerde».

Mi papá se fue y mi mamá decidió que yo era del padre, y mi hermano, suyo. Yo le recordaba algo.

Otro día, apareció un grupo de niños que hostigaba a mi hermano por marica, linda, nena. Eran mucho más ricos que nosotros y mayores. Durante años recordé que yo nos defendía; que les escupía y les daba puñetazos. Hace poco recuperé el recuerdo verdadero: no les decía nada. Me dolía, volvía el rostro y me enamoraba de cada uno. Me torturaba su rechazo, no su violencia. También me dura esa confusión castigadora de mí misma; ese ponerme del lado de lo malo.

Me veo, más adelante, deambular por los caminos y reconocer la complicidad sorprendente de las plantas. De las ramas. Prefería estar sola antes que estar con otras niñas, pero temía que alguien me viera sola y se apenara. El demonio cuyo encargo dulce uno transporta por amor, y que le inspira la impertinencia y una belleza que quiere no apagarse, también le implanta el apego a errores que quieren no cesar, como la vergüenza de la soledad.

Hay día y noche, poco y mucho, arriba y abajo, grande y pequeño, y dos hermanos: el mayor y el menor.

El primer menor fue asesinado. Era Abel y era pastor de ovejas. El mayor, Caín, lo mató por celos, en el campo. Dios le habló a Caín. Le hizo la pregunta que todos podemos oír cada mañana: «¿Dónde está tu hermano?». Mucho tiempo después, Abrahán engendró dos hijos. El primero, Ismael, nació de Agar, una criada egipcia. El segundo, Isaac, nació de Sara, la esposa de Abrahán, en su vejez. El padre expulsó al primero al desierto y conservó al segundo a su lado. De Isaac nacieron Esaú y Jacob. Esaú era montaraz. Jacob era casero. Un día, Esaú llegó agotado, y su hermano había preparado un guiso rojo. Esaú le pidió que le diera una ración, pues moría de hambre. El hermano le dijo que le daría de comer a cambio de la primogenitura, y el mayor accedió. Otro día, Isaac, que estaba ciego, se preparó para bendecir a Esaú, su primogénito, ante Dios antes de morir.

Le ordenó que cazara un animal para que luego le preparara un guiso. Mientras Esaú estaba fuera, la madre le aconsejó a Jacob que lo suplantara. Jacob se preocupó de que el padre lo palpara y descubriera el engaño, ya que él era lampiño y no peludo como su hermano mayor. La madre, que se llamaba Rebeca, le ordenó que trajera dos cabritos. Cocinó la carne y con el pelo cubrió las manos y el cuello de su segundo hijo, para que se hiciera pasar por el primero. También vistió a Jacob con la mejor ropa de Esaú. Al padre le pareció que la voz de Jacob era de Jacob, pero que las manos eran de Esaú, y cayó en el engaño que cambiaba al hijo mayor por el menor. La primogenitura cayó sobre el segundo. El menor de los hijos de Jacob fue José. Según las tradiciones era hermoso, se paseaba con una túnica de manga larga, de colores, y vigilaba en el campo a sus hermanos para llevarle noticias a su padre, que lo amaba más que a los otros por ser el niño de su vejez. José tenía sueños que hablaban de su supremacía sobre sus hermanos, y que, con el tiempo, se cumplieron. Moisés, el dejado en el río, tenía también un hermano mayor, Arón, que le sirvió de intérprete ante el faraón. También el rey David, que se llama como mi hermano, fue el hijo menor.

A pesar de que uno esperaría que el primero fuera el que dominara, prevaleciera y relevara al padre, en la historia que se despliega entre Dios y la gente sucede que el último es el favorito. A mí la historia me sugiere, además, que el hijo segundo —el lampiño, el bello, el de la túnica distinta, el que no habla, el que permanece en la casa con la madre, y el que, como José, se convierte en alimentador de todo el pueblo— es una mujer, una hija. También Jesús, el último hijo de los judíos, es femenino en su sacrificio, en su pasión y en su representación. ¿O es el primero de todos los hijos, y entonces es sacrificado como los otros primogénitos, que fueron expulsados del camino del tiempo descendente?

El patriarcado no se funda en la sucesión entre el padre y el hijo que le hereda, sino en la sucesión entre el padre y la hija en cuyo cuerpo el padre pervive transformado en mujer: en alguien que lleva la casa dentro de su cuerpo.

Por otra parte, hay quizá otro hermano, el mayor de todos o el menor de los pequeños, diminuto y que no cabe en el mundo, perdido a partir de un momento inubicable, extraído de la memoria, ni macho ni hembra, y maestro de Jesús en el desierto: el diablo.

He sospechado —«se me pone», como dice mi abuela— que él es el hijo pródigo de la parábola que Jesús cuenta: el que malgasta su heredad y luego regresa y es recibido por el padre con una fiesta que irrita de celos al hermano. Es también la oveja perdida de otra de las parábolas de Jesús; la oveja que el pastor busca en la estepa hasta que la encuentra, y la pone en sus hombros y se alegra, aunque tenga otras noventa y nueve.

Esperamos el regreso del diablo, el hermano expulsado, a casa.

Él es el mayor que fue sacado del camino, y también es el menor que el menor, obligado a andar en línea recta.

El diablo es quien no es. Es el hijo que se sale de la historia; lo que dejó de reconocerse, lo solo, el uno de dos, lo confundido, lo que se queda enredado en la suplantación, en el abandono y la mentira, y entonces enreda y dice que no es el guardián de su hermano; el carnero que se ha trabado en el arbusto y que Abrahán sacrifica en lugar de sacrificar a Isaac. El animal. Lo que no se gobierna. El que no fue elegido, el que perdió, el que se presiente y no se ve. El sacrificado para que se despliegue el drama del mundo. El chivo expiatorio. Suena como Jesús.

Es como yo. Creo que no hay que llamarlo, y he sentido que él me llama como silba el trueno después y antes de estallar. Es el rechazado en mí y también por mí, y a veces me desahogo y me deshago porque habla por mí y necesita mi voz.

No voy a decir cómo es ni cómo lo he reconocido, pues la única manera de decirlo sería inventarlo, y escribir no es inventar. No sé.

Me cuento esta historia, que tampoco inventó nadie: hay un hijo oscuro, él, que quiere volver a reunirse con el padre, con la casa, la fiesta y el rebaño. La historia del mundo es su intento de regreso y la víspera de su integración. Quienes componemos canciones y escribimos estas frases somos sus instrumentos. El hijo perdido quiere presentarle al padre, para complacerlo, las cosas que hacemos con su ayuda, para que él lo vea y lo reciba, y la hospitalidad de la casa propia se restaure.

Toda el arte está inspirada por el hijo que se va.

Hacemos nuestras obras poniéndonos afuera, como el excluido. Decimos «expresarnos», y significa enajenarnos, salirnos de nosotros, darnos a otras manos.

Con las piezas de nuestra industria, que son sueños, aquel demonio que es el hijo perdido llena su noche y la ilumina, y se luce buscando el perdón, el día contundente.

Junto a la naturaleza pone el arte, creando una adyacencia para lo completo; ofreciéndole compañía a lo que solo basta. Puede ser que haya imaginado la amistad.

El padre ha hecho que se haga la cordillera de los Andes. El hijo, arrinconado y suelto, sin con quién hablar, ha hecho que se hagan las canciones de Bob Dylan.

El arte es el regalo que él trae de regreso, dije, y también es el testimonio, que tiene que oírse, de su pena de estar aparte.

A veces el excluido te busca y te encuentra en tu margen, rechazada, y te reclama para meterte en su herida. Entonces quedas impedida, por el perseguidor, para hacerte amiga de ti misma.

El hijo alejado y perdido suena en la obra como en la locura, la tristeza y la ira.

Las cosas que él inspira no están pegadas a otras más pesadas. No son como el mar o el ojo, que descansan en su lecho, ni la cuenca del ombligo, ni el elefante, ni el volcán. Están desencadenadas y desencadenando; son el desencadenamiento. No pueden posarse y, sin embargo, pesan, pues están sometidas —como todo— a la ley única de la atracción. Son como los astros, pero sin espacio. Pesan sin descanso en el alma del instrumento. En mi alma.

Entendí cuánto les cuesta a los pájaros volar. Cuánto peso. Tienen un cuerpo caliente, laten, tienen cabeza y cola, y encima tienen que remontarse y permanecer arriba y avanzar como flechas sin destino. Es una obligación sólida y una obediencia bella. No es ningún privilegio, pero es su prerrogativa. Si una los mira desde su propio abatimiento, se convence de la crueldad del vuelo agotador; recuerda que tampoco ellos están felices, sino vivos, y que en ellos también vibra el ángel que se afanó con su propio vuelo y cayó, y que se percató de su cansancio. Luego una olvida y se fija más en el movimiento de las alas que en el lastre de la panza, y reproduce para sí un poco de alegría, que se remonta y puede volver a ver el aire, y se estremece con la velocidad de la mancha amarilla que surca sobre los techos, con todo y la crueldad que sufre. Y una acepta que esto es la realidad. Luego, busca la gratitud por lo real. Y cuando el pájaro por fin se posa y yo lo veo, también me poso y siento entonces el placer, el premio y el momento.

Hay días y noches en que de verdad no quiero escribir más. No quiero servirle al desconsolado, primogénito o póstumo, que vaga y me informa del mundo y acontece en el paisaje.

Él insiste más y se impacienta, y yo recibo el consuelo de oír el eco de mí.

Cabe la posibilidad, por otra parte, de que toda esta fábrica sea un error, y al padre no lo complazcan las cosas que el ausente le envía para llegar a su presencia; que Dios perciba las obras de arte como desafío y prueba del orgullo del rebelde; como intento de velar su obra, que es el universo con sus corrientes y fijezas.

Vagamos hasta que llegue el día en que se acepten nuestros dones: las cosas que hemos hecho con cuanto nos dieron. Esa es la esperanza.

Naturaleza y arte son las palabras que encierran cuanto los seres humanos somos y hemos conocido y hecho, y que pronto, en el mundo desierto que vamos falseando y prefiriendo, entre las máquinas totales, van a carecer de referente, de significado y de razón. Serán palabras ofensivas o ridículas, y lo será también el sexo, ese amar que nos conmovía, que se disfrutaba y que era tanto.

Yo soy del mundo anterior a la avalancha de todo lo automático. Sé que naturaleza y arte, juntas, son un jardín, y que el arte siempre ha mostrado de la naturaleza lo que la ciencia luego ha ido encontrando con retardo.

Por supuesto, de todo ese asunto no sé nada. Adentro y alrededor del arte y la naturaleza están el misterio y la membrana.

Escribir es encontrar el grado de luminosidad de un texto, y graduarse y degradarse hasta coincidir con él. Lo demás son las palabras, que son la demasía. Aquí estoy buscando una específica penumbra; no ninguna ciencia.

Las palabras son demasiadas y aquí están. Las escribo con buena ortografía, pues se necesita que yo cuide a alguien; que haya alguien a quien no traicione. Ellas han recorrido arduamente siglos para escribirse como quieren. Quiero formar parte de una tradición, de una línea, y no ser el abandono en el camino.

El texto es la región: la blanca, donde deambula y acecha el despedido.

El arte es mi tiempo, pero mi oportunidad es la naturaleza. No el territorio, sino la montaña. No la página, sino la hoja. Estar en lo que ha nacido, en vez de visitarlo. El bosque. En la flor me desahogo y me deshojo. Escucho el arroyo, que en la estación de lluvias se desborda y precipita. El suelo está esponjoso. Todo es normal. Huele a musgo. A hongo. Chilla una pava y hay otros tres cantos de aves. Una es la oropéndola. Los gallinazos vuelan bajo, distinguen mi cabeza, me abanican cierto vaho de muerte y aterrizan en una punta del junípero, que en lo más alto se divide en tres espiras. Sopla el viento, no mucho: mueve los eucaliptos y da un sonido de cuerpo entero, de interior y sombra. El eucalipto tiene un color que es su olor mismo, este azul. Soy fuerte. Camino en dos patas. Respiro cada vez que hay que respirar. Sobre la gravilla canto, y me sorprende mi voz clara. Huele a la flor del altramuz. Estoy sonriendo. La frente se me alisa. Voy a correr un poco. Se oye, más lejos, un chorro de barro. Hay un caballo que no está tan cerca como para que pueda contarle las patas, pero lo oigo como si estuviera al lado mío. Eso tienen los caballos: retumba su relincho y retumban sus pisadas en el suelo. Mi padre debe saber cómo se llama esa acción de patear el suelo sin andar, pues sabe todo de caballos, pero yo a mi padre no le pregunto nada. El caballo pisa sin ton ni son, tal vez incómodo con algo, y luego se acompasa porque se fue en sí y se olvidó. Me enternece el esfuerzo de todo, su poco esfuerzo, su potencia fácil. El espíritu es duro y suave. Estoy sola y estoy segura.

Uno tiene que entrenarse en confiar y en desconfiar. Al mismo tiempo. Es difícil.

Uno puede construir su consistencia escribiendo: metiendo —en el gesto, en la voz e incluso en la palabra— el otro tiempo, la reconciliación.

Sé que quien ayuda al diablo —al hijo perdido— adora solo a Dios —al padre que espera al hijo pródigo—.

En un sueño me sucedió que yo estaba con mi papá de viaje en Nueva York. Íbamos a alojarnos en una habitación de paredes verdes, pero en el espacio había un poder que apretaba y, en la pared, un dibujo rasgado. Yo pedía que saliéramos. Entonces, íbamos hacia más al norte, hacia la ópera.

En el arte y en la guerra sirvo a quien me necesita —al inhumano y sobrehumano que nunca sabré bien cómo es—. Es una servidumbre de amor y contratiempo.

Creo solo en Dios. Quiero solo a Dios.

Hasta aquí la música romántica.

Por naturaleza, fui bella durante buena parte de la vida. Hasta el año pasado, incluso, o quizás hasta un poco antes. Dentro de diez años, si estoy viva, me parecerá que hoy seguía siendo bella y que dejé de serlo después del obstáculo siguiente, y me llamaré desagradecida por decir que en este año ya no lo era. Me diré desgraciada por haber dejado de serlo, en todo caso, para siempre.

Esta belleza subsidiaria, esta hermana, muere para siempre.

Cuando me acuerde de mi cara de hoy, ¿me pareceré no solamente más bella que en el futuro, sino también más viva? ¿O me parecerá que era bella, pero sentiré que mi parte bella estuvo muerta incluso cuando nueva?

Un día, uno se encontrará con uno. Con su desdoble, de frente. Le será dado enterarse de cómo se veían desde afuera su entristecimiento, sus confesiones, su pelo, sus insultos y su profesión de fe. Mejor dicho, uno se encontrará con cero. El uno y el cero de uno, frente a frente, en el borde. El hermano mayor y la menor.

Hace tiempo, una segunda de mí se puso sobre la primera de mí y la rebasó. En la infancia, en el vientre, o en el primer año de mi educación, el aturdimiento, el quitamiento y la cicatriz que se arrastra cubrieron de puntadas la primera belleza. Me contuvo la horma de las armas. En ella me crecieron brazos. Se me abrió el agujero de la boca, que nos convence de que somos de una forma.

Antes de que me salieran piernas, vivir era irse en el sonido.

Después, ¿para qué sufrir así?

Jesús y el diablo no son identidades.

Se necesita que las dos aprendamos a no ser la elegida.

Moriré con una cara que me he visto —en una visión que me subió del estómago a los ojos, clara y rientemente— y que día a día consigo. Es una alfombra que la primera de mí desenrolló para que la segunda de mí caminara sobre ella, de regreso a ella.

Vendrá el recuerdo de la dicha: de la semana después de una mudanza, cuando la primera y la segunda de mí, las tres, desempacábamos los contenidos de la casa anterior, después de haber tirado la mitad a la basura.

Imaginé que inventaba a un personaje que escribía cartas de despedida. Se pasaba la vida en eso. A cada persona que conocía le dirigía una. Había cartas largas, que se desplegaban como la alfombra que imaginaste más arriba, que se tiende entre nosotras dos, y había otras de una sola nota: «yo».

Maraña

Dicen que un león se enamoró de la princesa de un reino. Le pidió al rey la mano de su hija, y el rey dijo: «¿Cómo has podido pensar que yo permitiría que mi hija se casara con un león?». El pretendiente, entonces, porfió en su esperanza. Aprendió a caminar erguido y a inclinarse para saludar. Se mandó hacer un traje de cortesano. Se hizo sacar los colmillos, se cortó la melena, se cortó las garras. Pasado un año, se presentó nuevamente ante el rey: «He vuelto para reiterar mi petición». El rey rio y replicó: «¿Cómo pretendes que permita que te cases con mi hija? Antes eras un león; ahora, no eres nada».

Leo esa fábula desde hace tiempo y no sé qué me enseña. Sé de qué trata, pero no sé hacia dónde señala aquello de lo que trata. Me digo que transmite, como todas las fábulas, la necesidad de aceptar la propia naturaleza; que enuncia, como todas las fábulas, la identidad entre naturaleza y ley; que, al mismo tiempo, como todas las fábulas, sugiere que las identidades no existen.

Se dice que nadie puede convertirse en otro. El león no podía esperar casarse con una princesa humana, pues era un león. Pero hay varios problemas:

Si el león se enamoró de la princesa, entonces en su naturaleza estaba el amor por la princesa. Amar a la princesa era también obedecer la naturaleza. No lo era, en cambio, casarse con ella.

¿No se incumple la ley con el deseo, pero sí con el cumplimiento del deseo, o con la concesión que otro hace, o con la dádiva que se recibe?

¿No se quebranta la ley con el deseo, pero sí con la esperanza?

Si el león aprendió a caminar en dos patas y a hacer la venia para saludar, y si se acostumbró a vivir sin garras ni colmillos ni melena, entonces sus transformaciones —aunque fueran partes de un disfraz— debían de proceder también de su naturaleza de león —o de otra naturaleza, que también constituía su ser—. Sin embargo, cuando el león se presenta disfrazado, el rey le dice: «Ahora no eres nada». ¿Cómo puede no ser nada el león, si está allí frente al rey, visible, pidiendo algo, hablando y deseando, siguiendo su deseo, desarrollándose?

La contradicción de algunas fábulas —y quizá la esencia de su enseñanza— está en que parecen enseñar sobre la aceptación y la inexorabilidad de la naturaleza y, al mismo tiempo, dependen de nuestra aceptación de un fenómeno que excede la naturaleza, a saber: que los animales hablan y entendemos lo que dicen.

Si en la naturaleza de los animales está hablar en lengua de hombres, entonces en la naturaleza de todos cabe todo, cualquier cosa, la maravilla: la transformación. Y caben todos los animales.

Es posible que, a despecho de la opinión del padre de la princesa, la fábula nos diga que el león no cometió un error al cortarse las garras y la melena. Quizás para presentarse ante el rey y pedir, tenga uno que despojarse de los signos de su naturaleza y, sin llegar a acceder a una naturaleza ajena, deba hacerse capaz de experimentar un cuerpo ajeno.

Aunque el león no consiguió que se le concediera la mano de la princesa, prevaleció al presentarse ante el rey para formular su petición por segunda vez, ya siendo nada, convertido en deseo sin identidad; convertido a su naturaleza y la de todos, que es la de no ser alguien.

El consejo formulado por la fábula puede ser que se debe pedir por segunda vez; no para recibir, sino para reconocerse despojado, habiéndose experimentado como otro sin llegar a convertirse en ninguno —habiéndose dispuesto—.

En la reiteración de la petición está la dignidad del león: el conocimiento de la naturaleza, el reconocimiento de la naturaleza y la trascendencia de la naturaleza.

¿Y quién es el rey que niega?

¿Y quién es la princesa negada?

¿Y qué es la naturaleza?

¿La naturaleza es la melena, las garras y los dientes?

¿La naturaleza es la ferocidad?

¿O el signo de la naturaleza es el signo de la ferocidad, pero la naturaleza está más allá de la ferocidad? ¿La naturaleza es la sumisión?

¿Modificar mi naturaleza es dejar de aparecer como fiero para acceder a otra feralidad, abstracta, acaso más verdadera?

¿Qué quiero decir con «verdadera»?

¿Modificar mi naturaleza es perder los signos de mi especie para acceder a la animalidad de los verdaderos animales, es decir, de los animales no reales, sino fabulados —los animales que hablan—?

Igual que aquel a quien le pidió la mano de su hija, el león era un rey, por ser león. Después de oír la negativa de su interlocutor, siguió siendo un rey. ¿Olvidó el entrenamiento al que se había sometido, o siguió entrenándose y cortándose el pelo y las uñas, dejando de parecerse al león que había sido, y asemejándose, en su hábito, más y más al rey de quien dependía el cumplimiento de su deseo, y asemejándose, también, a un súbdito de tal rey?

Diente de león es el nombre de una maleza que crece entre el pasto, al borde del jardín, en la ladera, en los claros de la arboleda. Tiene flores amarillas de petalaje espeso, como la melena de un león. Luego las flores se convierten en copos de pelusa blanca, como uñitas que, al soplarlas, se dispersan. A los niños les gusta arrancar del suelo el diente de león, soplar y quedarse con el tallo entre los dedos, calvo de pelo, desprovisto de uñas y mondo de dientes.

El león de la fábula del león y la princesa se convirtió hace mucho tiempo en la maleza que se llama diente de león.

La pelusa del diente de león, dispersada por el soplo, no es pelusa sino semilla.

Desde hace unos días siento que estoy lejos de los elementos: lejos de estar sola, lejos de mi casa y lejos de escribir. Miro la luz, y es como si la luz fuera un producto. Estoy dentro del aire, y es como si el aire hubiera sido fabricado. Bebo agua, y al hacerlo me siento obedeciendo. Me parece oír que es justo que yo esté aquí, así, sin poder saber de qué ley procede y en qué acto desemboca cuanto emprendo, cada ubicación en la que me asiento.

Sabiéndome lejos de los elementos, me he preguntado cerca de qué estoy.

Cierro los ojos y veo una pared.

Estoy, entonces, lejos de los elementos y cerca de una pared.

¿A qué pertenece esta pared? Está en el borde de lo que conozco. Limita mi casa. Tengo que regresar al centro, alejarme de la pared.

El centro es mi cama.

La historia es esta: durante varios días dormí poco, comí poco y pasé las noches con poco abrigo. Estaba de viaje. Al regresar, hace una semana, resultó que me había alejado demasiado. Entonces, me dio fiebre. Pasé la noche con fiebre, entre dormida y despierta. Con los ojos cerrados veía tan de cerca las rugosidades del muro contrario a los elementos, veía tan nítidamente su material, que creí estar bocabajo en el desierto, mirando la arena que tenía pegada a los ojos. Mirándome la arena en el ojo.

Dentro de la duermevela en que caí tras tanto faltar al sueño, recordé una habitación extranjera donde dormí con mi madre hace veinticinco años.

Dentro de la fiebre, pensé que en aquella habitación se me había caído un pelo, y que el pelo seguía allí, después de tanto.

Miles de veces habrá pasado la escoba por la habitación, pero ese pelo de la cabeza que tuve cuando fui adolescente sigue allí: está en un rincón del suelo de una habitación de un hostal que yo no podría volver a encontrar si lo intentara.

(¿Se cayó ese pelo?, ¿lo solté?, ¿se desprendió de mi cabeza?, ¿se fue?, ¿terminó? ¿Cómo decirlo?).

La habitación que recuerdo está en Viena, donde pasé dos días con mi madre cuando tenía dieciséis años. No conocí Viena. La ocupé, la pisé, pero no sé cómo es y no la vi. Sé cómo se siente y a qué puede parecerse, y en qué puede parecérseme, aunque no la haya recorrido. Llegamos en tren. Llegué enferma y no pude salir del hostal donde nos alojamos. Me acuerdo de estar helada y de la habitación desnuda, cuya orientación ignoro. Me impresiona —me destempla— haber pasado dos veces de la noche al día en un lugar que no puedo ubicar. Me da miedo esa realidad de la desmemoria, y temo creer en ella; creer que existe una cama donde dormí y que desconozco, pues allí estoy perdida. Un espacio que vive en mí irreconocible es la constancia de un naufragio. Que esa hebra de mi pelo siga estando en aquel suelo, separada de mí y presente, insiste en mi extravío.

Durante las doce horas que pasé con fiebre la semana pasada, entre el sueño y el delirio, tuve esa sospecha del pelo, esa sospecha dentro de un pensamiento dentro de un sueño de cansancio dentro del recuerdo de una habitación remota.

En el suelo de una habitación, al otro lado del mundo, hay un pelo de mi cabeza.

En el sueño de una habitación hay un pedazo mío.

El pelo es largo, largo el hilo: va desde aquí hasta Viena durante veinticinco años de noches.

¿Qué puedo esperar?, ¿que alguien lo recoja?, ¿que alguien lo rompa?, ¿que se desintegre?

Hablo de un pelo. Es un pelo viejo. Hablo de mi vejez, presente en un momento y en un rasgo de mi juventud que no cambió.

En la fantasía, tengo la esperanza de que se reintegre ese pelo a mi cabeza, y entonces yo tenga, como brotada ahora de mí, la inmortalidad.

Cuando me haya muerto y por un tiempo siga creciendo la cabellera alrededor del cráneo de mi cadáver o sobre él —como he oído decir que dicen que sucede—, aquel pelo abandonado seguirá en Viena, sin cabeza y sin crecer.

Luego, en el malestar de la fiebre y del sueño de falta de sueño, me consoló la imagen del pelo que nunca se ha movido del suelo del hostal. Era la perdición y podía ser el horror, pero me consoló. Me agarré a ese pelo para pasar de la noche al día. Vi los alrededores de mis células lejanas: el rincón de la habitación de Viena, el pie de la pared, y el polvo, como si me hubiera vuelto muy pequeña.

Miré desde mi cama el pelo y el rincón pasados, y vi que no sabía qué tamaño tenía un ojo.

La quietud del pelo me aliviaba. Yo lo miraba como si él fuera yo; como si me mirara desde su forma, contraria a la de un ojo.

Un pelo no es un ojo, pero un rayo es ojo y pelo.

Más tarde esa misma noche, aún entre la fiebre y la cansina duermevela, pero más cerca del amanecer, ya no me fue suficiente el consuelo que me daba la inmovilidad de ese pelo que perdí, sino que necesité pensar en una luz dorada, creer en una luz dorada y rosa que no tuviera nada blanco, que no proviniera de arriba, sino de adelante, y no se pareciera a la luz de desengaño de la mayoría de los amaneceres.

Tal vez el pelo ha esquivado durante años el desplazamiento de la escoba y el trapero porque se quedó enredado en una grieta del zócalo o en un clavo del suelo. Lo imagino enredado en la cabeza de un tornillo que sobresale del piso de tablas. Allí para siempre. Después de las epidemias y del desastre nuclear sigue allí ese pelo muerto, remuerto, que nunca murió.

Allá sigue, ahora que ya no sueño ni tengo fiebre.

El clavo se oxida y el pelo es negro.

Si quiero, lo veo: como un río helado, tierra pisada, piel de serpiente, permanente, sin que nadie vaya a verlo.

Es mi secreto.

Es el secreto de una persona que no tiene secretos, que soy yo; mi entregarme alborotadamente, no poco a poco, sino de una vez, pues no me funciona el tiempo como a la otra gente. Soy toda en la primera que se ve de mí, para lo que surja y para lo que me quiera. Soy la intimidante apertura de mi intimidad. ¿Quién soy, acaso, para tener secretos? ¿Dónde los guardaría? ¿De qué lugar hay que apropiarse para esconder allí un secreto? Podría esconder mi secreto en aquel rincón de un cuarto de un hostal de Viena, en los átomos del pelo, hace mucho tiempo.

Pero seguramente sí conozco un secreto sobre mí.

Quise decir: «El pelo es nuestro secreto» y hablaba de varios en mí, o de al menos uno más que yo; de alguien que rebosa mi intimidad y está conmigo, y no es secreto, pues yo no podría revelarlo. Simplemente, es un desconocido.

Si me concentro, si me concreto, hago que todo el amor sea un pelo caído. Me fijo en la idea de que el amor está todo junto, y pienso que no se pierde el amor.

Me transformé en ratón. Iba por allí y seguí adelante, y cuando me di cuenta de que había seguido, resultó que lo había hecho en forma de ratón. No estaba en ninguna ciudad. O sí, estaba en una ciudad toda uniforme, hecha para pensar las mismas cosas siempre, por las calles bien trazadas. La ciudad estaba construida como un castillo. Supe que me había convertido en algo distinto de una persona humana porque de repente tuve el suelo en las narices, devorado, casi adentro, como en la parte de atrás de la órbita ocular. Habría podido pensar entonces que me había caído, pero no, porque en lugar de haber quedado tumbada y quieta, me movía. Podía ser que hubiera seguido cayendo aun después de llegar al suelo, pero no, porque no bajaba, sino que tenía ganas de andar muy rápidamente hacia adelante, y sentía que podía hacer aquello de lo que tenía ganas. Había una pura superficie buena. Muchas veces he admirado la incansabilidad de los animales pequeños, y me pareció que era por eso que me había convertido en ratón: por esas veces, por esa admiración, por la persistencia. Había dos cosas muy presentes en mi ser ratón: las garras y el pelo. Con las patas me pegaba a las superficies, lo cual me parecía raro, pues las garras eran sobresalientes para desgarrar las cosas, pero yo sentía que me servían más para aferrarme, que era conservar las cosas. En cuanto al pelo, me sentía abrigada y fría al mismo tiempo, desnuda y abrigada, y especialmente redonda, y pensé que peludez era igual a redondez. Ese fue un pensamiento de ratón que tuve. De ratón nuevo. De la cola no me acuerdo, ni tampoco de los dientes para roer.

Tuve un amante de ojos grandes que no tenía pelos en el cuerpo: ni en los brazos, ni en los antebrazos, ni en las piernas, ni en el pecho, y muy poco junto a los genitales. Cuando yo estaba con él, pensaba en la palabra «liso». Cuando lo abrazaba, tenía la sensación de que era imposible abrazarlo por ser él tan continuo. Su cuerpo era uniformemente blanco y blando. Parecía que no tuviera partes, órganos, latidos. Parecía que no pudiera esconderse ni buscarse nada en él, salvo el simulacro de un secreto. El cuerpo se encubría a sí mismo, cerrado, y se sentía que no había sido hecho, sino solo deshecho. Entre un punto y otro de mi amante no había ningún repliegue, ningún rastro, y, sin embargo, aquel cuerpo de hombre no constituido daba la sensación de haber sido apasionadamente maltratado. Molido. De principio a fin, con un maltrato que había sido una segunda formación. Tenía el pene pequeño y jugaba a ponerme cubos de hielo entre las nalgas.

Era un cuerpo sin regiones.

Al tocarlo, al tener su peso sobre mí o al apretarlo debajo, yo tenía la impresión de que no era ese el único cuerpo que él tenía. Había otro que él buscaba, y cuando yo tenía adentro su cuerpo visible, sentía su avidez imponente de encontrar ese otro cuerpo que su presencia declaraba; su ansia por encontrar el momento en que él mismo se deseaba con otra forma. Él mentía en todo —en lo que decía haber hecho, en lo que decía querer y en las cosas con las que decía que contaba—, y la mentira aumentaba mi hambre de encontrarle el otro cuerpo. Yo no esperaba desmentirlo, sino dejar de verlo con la forma que tenía y pasar a verlo finalmente.

No era pequeño, pero parecía no haber crecido. Era el increcido. ¿Cuándo había dejado de crecer? En el cuerpo desesperadamente mudo quise encontrar el acto del estancamiento, pero el cuerpo proclamaba que no había memoria de la mentira de la que brotaban las mentiras imparables, el abandono del que manaba la ausencia: la lisura de ese cuerpo.

Pasó una cosa que no he podido explicarme: un día se fue de viaje y, antes de irse, vino a visitarme. Había ido a la peluquería y le habían cortado el pelo al rape. El día anterior lo tenía hasta la clavícula, y yo le pasaba los dedos por entre los rizos, y adentro estaba oscuro y hacía frío.

Por eso, por el frío y la negrura, no parecía la melena de un león. Parecía la melena de una ahogada.

Una semana después, él regresó del viaje. El pelo le había crecido nuevamente y estaba casi tan largo como antes de que se lo cortara. A cualquier otra persona habría tardado meses en crecerle así. A él le había crecido en una semana. Yo sabía que él mentía en todo, pero, al ver ese milagro del pelo, pensé que yo no sabía nada.

Después de que él muriera, supe algunas cosas de antes de mí. Me hablaron de las mujeres que se sintieron empujadas a arrastrarlo.

En el funeral pensé que la raíz de su cuerpo, que de tan mendaz había perdido la posibilidad de no recuerdo qué, era no recuerdo qué. Y pensé en un hombre sin ombligo, y tampoco me acuerdo de cómo acabó ese segundo pensamiento. Durante los días siguientes a su muerte, lo imaginé bajo tierra, con los muertos. El cuerpo sin zonas no encontraba un lugar entre los otros. En el mundo siguiente nadie reconocía a mi antiguo amante. Su presencia abajo parecía tan improvisada, tan sospechosa, como aquí. Él abría y abría los ojos grandes, hermosos y turbiamente vacíos, sin saber que a los muertos no les interesaban los ojos.

A los muertos les importan los huesos, y mi amante huesos no tenía.

En la estela de su muerte me apenó tanto que él se hundiera sin reposo, sin canto, que incluso quise reclamarlo; decir que ese cuerpo, que no podía agarrarse a la muerte con las garritas suaves de un ratón, era un cuerpo mío. ¿Decírselo a quién? A alguna vieja, a alguna lloradora. Quise decir que yo sí lo conocía porque él ya había estado muerto, así, tal cual, cuando mentía sobre la tierra.

Quise acogerlo nuevamente, pero entonces el recuerdo de la lisura de su vida, que era como un pozo sin estría, sin roca, sin escala, se me impuso y me distrajo. Luego perdí el interés, pues en el recuerdo no encontré ninguna mirada.

El que atrae mucho no mira nada, y a los vivos nos importa la mirada.

Lo recordé con los ojos abiertos, sin luz, sin calor, sin dirección.

Si al menos hubiera podido recordarlo de ojos cerrados, habría intentado ocuparme de él.

Vi que, en el precipicio dentro de la tierra ahogada, la melena le seguía creciendo. Crecía y brillaba, y llegaba a ser tan larga como el lomo. Pero no es justo decir que el pelo creciera en mi visión, debajo de la tierra. Aumentaba sin crecer. No tenía procedencia. No manaba, y por eso no debo decir que crecía, sino que se estiraba. Se enroscaba, formaba un bucle y, con la gravedad, iba descendiendo en espirales cada vez más amplias hacia el centro de su pobre mundo. La fronda buscaba ser raíz, pero tampoco era capaz de aferrarse, y caía, como un arroyo negro, descolorido, avalancha que, antes de desembocar, se secó.

El pelo te sale de la cabeza.

El pelo te rodea la cabeza.

¿El pelo es a la cabeza como qué cosa es al corazón?

Yo he querido sacarme el corazón como el caballero Durandarte, pero no para entregárselo a mi amor, ni para plantarlo en el suelo, ni tampoco para que duerma en mi almohada, a mi lado, sino solo para sentirlo afuera. Y he imaginado que en el lugar del corazón me pongo una maraña. Solo que no sé qué es una maraña: es solo una palabra para una canción que diría lo que acabo de decir y que también diría: «Maraña es vapor». Y diría, en otro punto, «araña».

Estaba en el salón de belleza, y la manicurista tenía mi mano entre las suyas. Era muy suave esa manicurista. Era tan suave, tenía unos movimientos tan tenues, que un par de veces falló la pincelada de esmalte y la dio en falso, en el aire, en vez de apoyármela en la uña.

Mientras el esmalte se secaba, pasé las hojas de una de esas revistas que hay en los salones de belleza. Trataba de hacerlo con cuidado, para que no se me estropeara la pintura.

Llegué a la doble página del centro: un artículo sobre un *penthouse* que era la vivienda más alta del mundo.

Tenía una bañera, y desde la bañera uno miraba por una ventana de ojo de buey que mostraba el mundo, en el que no había ningún otro apartamento tan alto como el mío, como el que yo tenía delante, sobre las piernas, en la foto de la revista, en el salón de belleza.

Pensé en la altura.

Así debí pensar: la altura, la altura.

Así debí escalar, de repetición en repetición. De escalón en escalón, de metro en metro, de piso en piso.

Algunas casas que se ven en Bogotá tienen unas varas de hierro que les salen del techo, verticales. Se las dejan cuando acaban de construirlas, para añadirles, si un día se puede y se quiere, un segundo piso.

Si un día se puede y se quiere, se pone la altura en la altura.

Un día, Saúl me dijo que a esas varas las llamaban «pelos». Miramos juntos las casas, al pasar. Poco a poco nos dejamos de querer. Él era el bien que rodeaba el corazón.

Ya es seguro que no vamos a estar juntos otra vez. Hay cosas seguras en la vida. El abandono es la madre de las cosas seguras.

También en los pueblos he visto casas con «pelos».

Las uñas vuelven a crecer. Siempre están volviendo a crecer.

Parecen lo revivido, lo que se recompone. Y son más bien lo renovadamente muerto.

Con las uñas, que exceden mi contorno, toco las cosas antes de saber que las toco.

Con las uñas toco las cosas antes de que las cosas despierten para mí.

Las uñas tocan en la víspera, en el sueño, y también son para romper.

Elegimos el pelo como metáfora para la mínima distancia y también para la incontabilidad, la distancia infinita:

¿Cuántas veces, cuántas cosas que nos falta ver, cuántas explicaciones no podré darte? Tantas como los cabellos de tu cabeza.

¿Cuán cerca estás de mí? No nos separa el espacio de un cabello.

Las uñas y los cabellos son de la vegetación, no míos.

¿Las raíces confrontan a los cabellos porque están abajo y adentro, adentrándose?

¿Las raíces son uñas porque escarban y se entierran, o se enfrentan a las uñas?

Estaba en una cena y sentí ganas de que alguno de los comensales tuviera algo que decir acerca de las raíces. Quería que alguien se encontrara conmigo en la raíz.

Pensar en las raíces era rebelarse ante la realidad de estar comiendo.

Quise que Carmen se diera cuenta de que el adjetivo «importante» solo puede aplicarse a las raíces. Que Ana notara que nadie sabe cómo viven las raíces, abajo, en lo ciego, relacionándose. Que dijera, si otro la informaba sobre la red de micelio de los hongos, que eso no era lo que ella preguntaba; que no preguntaba por ningún mecanismo para transportar los mensajes que se enviaban las plantas, ni por los escrutinios de la ciencia, sino que enunciaba la disposición del arte: la conciencia de que no se sabe cómo viven otras cosas; cómo se sienten ellas a ellas mismas en su realidad: la humilde actividad de la imaginación. ¿Cómo se encuentran las raíces de dos árboles y se entrelazan? ¿Cómo viven sin sol, apretadas entre la roca y la arcilla, abriéndose paso sin espacio? ¿Cómo puede algo vivo ser tan fuerte? O que Ignacio dijera que qué difícil entender el crecimiento de lo soterrado, que crece descendiendo hacia la invisibilidad, para que lo aéreo se haga más notable; que comparara ese crecimiento con algo tan cierto y tan siniestro como el crecimiento del pasado. Que Dora o Dórica les pidiera a los otros convidados que por un momento imaginaran la bola del mundo entreverada de raíces, como una cabeza con los sesos entorchados, retorcidos, trenzados; la bola del mundo llena de raíces abrazadas a los muertos, como la pelambre, mar de pelos, plato de pelos, un nido embarrado. Quise que todos imaginaran el mundo como una cabeza con el pelo por dentro, que se hubiera tragado a sí misma. Que Ana dijera, entonces, que las raíces dentro del mundo, dentro de la cabeza, son más como uñas que como pelo: uñas por medio de las cuales no me suelta lo que abunda.

Marina preguntó si había, aparte de ella, algún comensal que se hubiera preguntado por qué entre las personas que se dedicaban a cortarles el pelo a las mujeres había tantas que eran hombres que no deseaban a las mujeres. ¿Cómo así, Marina? ¿No les gustan las mujeres? Eso: no les atraemos y nos cortan el pelo. ¿Por qué pensaste en eso? Yo conozco a uno que no es homosexual. Sí, todos conocemos. A mí el pelo me lo corta una mujer, y el esposo hace los tintes. En serio, díganme por qué tantos hombres que no desean a las mujeres trabajan cortándoles el pelo a las mujeres. ¿Qué quieres que te digamos?, ¿algo sobre cortar, sobre la castración? No, yo pensaba en algo que tiene que ver con el tiempo, con cortar el tiempo. Con el pan. ¿Estás pensando en una especie de brujería que nos hacen?, ¿una manera de envejecer a las mujeres?, ¿de rejuvenecerlas? Los que hacen el *manicure* no son nunca hombres sino mujeres. Los hombres no nos cortan las uñas, pero sí el pelo. ¿Y algún hombre aquí sabe que todas nos depilamos la cara, y que si no nos la depiláramos tendríamos barba y bigote? Y además todo el mundo fuma algo en secreto, a su modo, o chupa algo, y quiere saber qué se esconde. Esa es la vida secreta de los adultos. O sea, la vida secreta de los adultos es la teta, que es la vida pública del niño. En cuanto a la vida secreta de los niños, es casi toda y permanece en secreto el resto de la vida.

Mírala: el pelo le cae sobre los hombros, como un sauce tranquilo y triste. Debería tenerlo de punta, crecido hacia arriba como una llamarada, y no así, adormecido. Debería tenerlo todo hecho serpientes. Así lo tiene: el pelo que cae es en realidad un ramo de víboras erguidas. ¿Cómo así «en realidad»? ¿En qué realidad? ¿Dónde? ¿Realidad significa «al revés»? En esta realidad: donde las víboras son como raíces que se mueven hacia arriba, y los pelos son uñas que buscan en qué clavarse. Mírale las manos encima de la mesa, entrelazadas, mano a mano, como si fueran los extremos de dos que se quisieran. Están quietas, como dormidas. Debería tenerlas crispadas, con los dedos también como raíces que buscaran horadar. En realidad las tiene así, crispadas, con las uñas negras y puntudas, convertidas en garras para sacar ojos. ¿En qué realidad? En esa donde ella no quiere sacarnos los ojos, sino la voz: imaginarnos como personajes que hablan en torno a una mesa, durante una cena.

Las uñas no son de nada, igual que el pelo. Uñas y pelos conforman el conjunto de las cosas muertas que salen del cuerpo al tiempo que siguen en el cuerpo. ¿Los dientes forman parte también de ese conjunto? No. Los dientes no están muertos y no vuelven a crecer cuando se cortan. Tienen nervio, sangre y pulpa. ¿Qué es «pulpa»? Es algo que no transita. Los dientes tienen un interior y una cubierta. ¿Pertenecen a otro grupo, el de los huesos, el de las cosas que están en lo más interno del cuerpo y lo sostienen? No. Los dientes no sostienen el cuerpo y tienen una composición distinta de los huesos. ¿Los dientes son cuerpos? ¿Sostienen la boca? ¿Sostienen algo? ¿El gesto? ¿La sonrisa? ¿No se puede decir que forman parte del mismo grupo que los huesos, aunque sean distintos de ellos? Como los huesos, los dientes permanecen cuando el cadáver envejece, pero es más propio decir que forman parte de otro grupo: el de los instrumentos del cuerpo al servicio de las palabras. Las uñas y el pelo no sirven para hablar, aunque sirvan, como los dientes, para mostrar la rabia. Sirven para no hablar.

También puede ser que el pelo, las uñas y los dientes sí conformen un conjunto. Los enlaza una cuerda que está conectada al corazón; una cuerda que se destempla. Cuando los dientes muerden pelo o lana, o cuando la uña raya la pared, las personas dicen que les da dentera o que se destemplan: que sienten que se va a soltar la cuerda que las recorre por dentro. Entonces, se les erizan los pelos. Les da la impresión de que los dientes se les aflojan. Les dan ganas de clavarse las uñas en la propia carne. Pelo, uñas y dientes tañen la cuerda que agita el corazón y que se puede afinar.

Consolar es acariciar el pelo. La ternura está en el pelo.

En la casa de la abuela, una tarde, la niña se hizo unas uñas largas de plastilina, de bruja y de mujer, y salió con ellas puestas a la salita del segundo piso. Salió a la visita y se sentó en el sofá a escuchar lo que hablaban las señoras y a verlas tomar el té. La abuela tenía una amiga más alta que todas las demás mujeres del mundo, que se llamaba Gilda, que dijo mira, qué manos tan bonitas. La niña enseguida se arrancó a llorar y se arrancó las uñas postizas, corrió al cuarto de la tía, pegó las uñas unas con otras y formó con ellas una bola de plastilina, y se echó en la cama bocabajo, a que el llanto la estremeciera y a mecer su llanto. La amiga de la abuela vino y pidió disculpas, sin saber por qué las pedía, y la niña, hecha una bola, no podía hablar entre sollozos ni entendía ella misma qué le había sucedido. La abuela dijo que uno no se pone a llorar así por nada, pero no era cierto. Uno sí se ponía a llorar sin saber por qué, por nada, por las uñas.

La niña encontró que en la parte más baja de la alacena habían olvidado un cuenco como este que ella misma mira ahora sobre la mesa de la cena, este de plástico verde, pero no lleno de sobras de ensalada, como este, sino lleno de papas amarillas crudas y lavadas. Las papas habían echado raíces, y las raíces eran blancas como velas. Cada una tenía en la punta un piquito encarnado, amoratado, como una espina o como una uña pintada. La niña descubrió las papas y las puso más atrás en el estante oscuro, para que nadie fuera a recordarlas, para que nadie viera que ya no servían para comer y las tirara a la basura, y las raíces siguieron creciendo; las raíces de cada raíz redonda que era cada papa. Las raíces de las raíces subían mientras el cuenco iba cogiendo olor a humedad, a hongos, y las cabezas, las papas, se ennegrecían y se ablandaban.

A lo mejor no eran raíces esas paticas que salían, esas garras, sino brotes, ramas próximas.

Si la niña hubiera esperado, habría visto crecer hojas, pero no esperó, sino que se aburrió, y un día tiró ella misma las papas y dejó el cuenco vacío en el lavaplatos para que la empleada lo lavara.

A la mujer que lavó el cuenco, la niña le pedía que jugaran al médico. Se acostaba en la cama y la llamaba: «¡Isabel!», e Isabel venía y veía que la niña se había recogido la camisa y tenía la panza descubierta. La niña le pedía que la tocara, que la operara, pero ella la tocaba un segundo apenas, con la palma abierta y no con las uñas, y volvía a la cocina. Isabel no tenía uñas que tocaran ni abrieran, sino uñas cortas, rotas de lavar ropa.

La niña se mira las manos y ya no es una niña. Todo el día se mira las manos. Las uñas. Desde que recuerda, se mira las uñas y mira las uñas de la gente. Por la noche se dormía repasando en la cabeza el orden en que sus compañeras se sentaban en el salón de clase; veía las caras y veía las manos. Recordaba las manos de treinta niñas. Recuerda la forma de las uñas de todos sus parientes, de los amigos que ha tenido, y de los actores y las actrices de las películas. Mira y estudia las formas de las uñas, que son caras y caracteres. Hace poco dijo que la vida es ir perdiendo la redondez del rostro, y ahora piensa que no reconoce esas palabras: No las reconozco, hijas. En las fotos que le toman, a veces no reconoce su rostro alargado, el adelgazamiento del óvalo, pero cuando se ve en fotos viejas, siente que tampoco estuvo en aquella cara redonda. Es como si todas sus edades fueran hijas suyas en las que ella no se encontrara. No reconozco a ninguna de mis hijas: ni las uñas, ni las palabras, ni las caras.

Se le ocurre que un terrible acto de violencia sería agacharse y arrancar una planta con las manos. En un lugar público, en un jardín de la ciudad, no una planta medio muerta, sino una sana, de flores, en un parque o en el angosto plantío que separa la acera de la calzada; arrancarla meticulosamente, no desde el suelo, sino desde más abajo: escarbar con las uñas, tocarle las raíces durante un rato, acariciárselas, y entonces sacarla de raíz y tirarla lejos.

Se le ocurre un segundo acto horrible de violencia: que alguien cave un hoyo para plantar en él un árbol joven de una especie de árboles que cuando crecen son enormes. El pequeño árbol sería imponente si creciera, pero el plantador vierte en el hoyo un galón de aceite hirviendo. Coloca las raíces en medio del charco de aceite y luego rellena el hoyo con la tierra que sacó. El árbol queda plantado, y el otro no se queda a ver la muerte.

El tercer acto de violencia extrema que se le ocurre es este: un hombre deja que una perra callejera entre en su casa. Le da un pan amasado con pimienta y se pone a insultarla. La perra oye los insultos sin saber qué son, moviendo la cola, y lagrimea por la pimienta. Busca y pide pan, de cualquier pan, incluso el pan con pimienta que ya se comió, para seguir haciendo caso del hambre y para aliviar el ardor provocado por la pimienta; busca agua, tose atorada y llora con la voz y la mirada. Entonces el hombre, su anfitrión, pretende consolarla del llanto que le ha provocado y que ella desconoce. Le acaricia el pelo sin temor de las garras ni los dientes; sin siquiera pensar en ellos.

Dámaso

I.

Las horas son el lado largo de las cosas.

Vamos por lo largo de las horas.

Para deshacer un engaño me puse a recorrer el día.

No hay nada posible que esté fuera de un día.

Dije: «Cuando alcance el principio de la noche, no huiré de donde estoy». Diré: «¿Qué encierra esa puerta?».

En la nueva noche, en la diana, veré lo que no ha estado y me he hecho creer.

Tomaré flecha y aguja.

El día es la vía por la que voy y el carro que me lleva. Llegará conmigo a donde vaya, donde sé que va, donde lo surten.

La noche es el día por dentro.

«Espera el día supremo», dicen. «En el día supremo, lanzas la mirada y te conoces de perfil. Luego notas que te miras, y enseguida, nada».

También lo llaman «el día sorprendente» y «la residencia de la fe».

Me dije, para que la salida comenzara: «Entra en la mañana. En la manera como pasa. Entra en el arco que la enmarca y en el arco con que te dispara. La libertad está en el cambio de la luz».

Sé que mi tiempo está desocupado, aunque no quiero creerlo.

Este camino diurno, esta costura hacia después y hacia el ocaso, es el lazo de occidente. Lleva a «lo que es demasiado tarde» y a «aquello de lo que queda poco».

Es el modo de agotarse y el modo de poder.

Voy hacia la raya de sol antes del fin: esa luz abajo, luz tendida, grano, atardecer, perder, nochecimiento.

Si tomas la página mirando al sur, lees el renglón de este a oeste, como va la migración del hombre.

Allá, cuando haya transitado el día entero, sabré cómo me he mentido.

Me siento mentir intensamente.

II.

Comienzo, cuento:

He inventado a un hombre en la mirada de un desconocido y he sentido ganas de enfermarme. Tengo mi edad. Me llamo así. Es martes. Se dice «confiar en», pero se dice «desconfiar de». Estuve en él. Luego, vine de él.

¿Qué nombre darle a la calle del fraude, opuesta al subir de la mañana, aunque no sea su paralela, ni su contravía, ni el año, ni el sueño, ni el globo, ni el sinsentido, ni la vela, ni el ahogo?

Entré por la calle del corral.

En la oscuridad, una vez, me dije que tenía al hombre.

El hombre del hombre: lo creí sin tener con qué creerlo, y así quedé contenta.

En mí, él está forzado. Mal adivinado. Afuera, es: «Mi hermano envidia mi suerte» y «Con el tiempo, me voy a ver cada vez mejor». Repite que me quiere sin quererme, se levanta tarde y agradece lo que llama «mi abundancia», que es mi arrebatamiento, o sea, él mismo.

No para de hablar.

Al escribirlo, arriesgo la intuición que podría haber tenido sobre el caso, la trama que podría concebir y, nuevamente, la verdad.

Un texto es el rito de sacrificio de una idea.

Está en mi hombro derecho, que me duele tanto.

Pienso que pronto no podré levantar el brazo. Quiero levantarlo para saludar, desde la orilla, lo que aprende a navegar y deja la mañana.

¿El día llega a su fin tarde?

Donde termina estaré esperándome, ya capaz de desmentirme.

Hechizar es imponer un deseo que no ha nacido en el tiempo diurno ni el nocturno. Hechizarse es enviarse a conseguir lo que ni se concibe ni se cree.

El hechizo es la impostura del deseo.

En mí me han hechizado las tres hermanas raras y la señora Macbeth: «Es ese. Tú eres su llegada. Mira qué bonito. ¿Quieres sentirte como en la tarde fresca? Triunfar es que él te abrace. Ponle nombre y llámalo para que seas feliz, y sé feliz y llámalo».

Invoco el sueño para que me desencante.

Voy a preparar, dormida, una receta con la que me reclamen. Uniré partes que hayan sido separadas de cuerpos improbables. Haré con la cosecha un cuerpo feo. Acudirá la fealdad en mi favor, contra su belleza que me agota —su cuerpo serpentino y su rostro ancho, que parecen haber sido combinados en la habitación de al lado, su cintura novillera—. Antes de darme al sueño que une, debo vivir el día y recoger las partes. Pero a esta hora, con tanta luz, no es fácil ver en partes.

Despertar de una pesadilla es una necesidad. Tarde o temprano, ocurre. Y siempre ocurre a tiempo.

Recordaré de esto la salida y no la entrada, como no se recuerda la entrada a la pesadilla, sino solo la salida, que no es final ni éxito, pero es aún despertar. Pido que suceda que yo nunca haya entrado del todo.

Nació dieciocho años después de mí, o quince, en el barrio donde vivo desde el mes pasado. En el mismo hospital nacimos ambos, donde nacen los bebés que deberán ser ricos en este país de pobres que se asoma a cada mundo por el lado de los basureros y aspira a soñar con que alguien diga: «Parece la realidad de todos».

Ahora, frente a él, yo soy los pobres.

Él podría ser un hermano mío tardío. Mi madre habría podido parirlo a la edad que tengo ahora, y él, mi amante, habría sido como el Bautista, solo que no es muy amante mío, y yo no soy su madre.

Soy Salomé y, este día, estará la cabeza servida.

Soy Gloria Swanson.

Se dice «nació después que yo» y también «nació después de mí». Puede ponerse el énfasis en nacer, o en mí.

He destruido algo en todos los demás desde que lo elegí.

Un hombre en él quisiera querer a una mujer. Llegar a una mujer. Llegar a ser una mujer.

No nos conocimos. «Estoy siguiendo tus pasos», dijo. Me aprendía. Se metió en mi casa hasta las doce. Luego pasaba a calcar otras figuras.

Puse, como una espada entre los dos y miel entre los dos, el camino distinto: mi vicio de salirme del destino, de soltarme hacia lo evidentemente anulado. Me tendí en la vanidad, que es un prado de flores. Me alargué para embellecer la belleza. En mi ministerio puse a mi enemigo, su avaricia.

«Que sea más mío, más más más mío. Que sea más alto. Vamos a vernos más».

Su asco, el de su herida, lo hacía no querer ni destrozarme.

Puede ser que yo haya abortado a mi único hijo —o a mi hija— en el mismo año en que él nació, y que ese sea nuestro vínculo: esa mirada sin sol. Tal vez por eso él impidió que yo viviera la vida que casi alcancé a tener dentro de su vida.

Voy a llorar cuando decida perderlo finalmente.

No lloraré como yo, sino como María.

He hecho con él los papeles de madre, madrastra, madrina, profesora y un viejo dulcemente cagado, enamorado de él.

«Te gusta ver el mundo arder», me dice uno del público.

No tiene razón. Me gusta verme arder.

Dios de las banderas, de las faldas que alientan, de las cuatro de la tarde, de las mesas de madera: permite que no vuelva a creer que lo que tengo es casi nada. Que pueda darles el consuelo de los varios cielos a las figuras que mi cuerpo hace en el tiempo.

Diosa de la pantera: que haya inspiración contra la influencia.

Que no vuelva a apegarme a lo apagado, diosa de las parteras.

Le gusta que lo vea desnudarse y esparcirse. Se mira las rodillas. Se mira las manos. Lo contrataron para bailar en la ceremonia de desvelamiento de una estatua. Dice estar seguro de que no sé bailar. Me pregunta si me gusta ver cómo se acaricia. Después de mostrarme, se responde que me gusta ver cómo se sacia.

Se paró frente a mi repisa y vio, recostada en los lomos de los libros, una foto de mi hermano muerto cuando era más joven que él —era hosco, oscuro y bello—. Levantó el dedo índice para preguntar, y acercó al papel la yema desconcertante, seductora.

Le pedí que me besara. Dijo que se olvidaba de dar besos. «Toma». Se agachó y puso la boca apretada como el culo. Dice «Te adoro», y esta noche va a pasearse con la muchacha que su amigo mayor le habrá escogido. Le servirá para el mismo disimulo y rondará por la misma área, pero comportará un riesgo muchísimo menor.

Descubriré que lo que temo ya pasó.

Él seguirá temiendo que algo vaya a entrarle.

No perdió un centavo ni un centímetro.

Por nada me quitó eso y lo otro, como quien le da la vuelta al mundo porque puede pedir dinero prestado para hacerlo.

No se retrasó, pero no va a llegar.

Y aquí pongo mi nombre escrito a mano.

III.

Quiero la comunicación sin el conocimiento. El aparecimiento. Quiero, quiero y quiero la encarnación. El instante en el rostro y la desaparición que no tiene lugar: en el orgasmo.

Él finge derramarse en mí. Gime y me seca. Se amortiza.

Uno se toma de la mano: una palma con los dedos de la otra, a la espalda, y así, detrás de uno, va.

Hay que seguirse, pues el día tiene un solo camino.

Una sola cosa crece de la mujer que es uno: su sombra a medida que la luz avanza y a medida que se cuela el tiempo.

Debes encontrar en qué país estás sentada bajo un árbol de ramas horizontales como rieles que van a los países anteriores y siguientes, mientras aquí estás cayendo, en esta esquina, creyendo que deseas a un hombre que nunca ha tenido una amiga.

Y después: «¿Serás mi amiga, cuando resulte que no te amo?».

«¿Me querrás después de que te mate?».

La compulsión de la trama. La histeria del hombre. La voluntad tartamuda y el orgullo de quitarse. El niño que no es. El cuerpo lleno de diablo. La venganza contra el horrible amor de las mujeres. La fascinación con el haber de una mujer.

Sus gracias sin virtudes.

Para qué me habrá buscado. Será que quería ejercitarse. O venía a que lo leyeran.

Dice que mintió para que yo no dejara de hablarle. Quiere contar que habla conmigo. Quería, tal vez, que yo lo recomendara en algún escenario. Aquí lo publicito, pues, en este párrafo.

Ruego que me rechace la belleza, y luego ruego que me explote la belleza. Que comercie con mi alma.

Ferozmente me hago el mal. Me cobro con intereses laberínticos.

Yo tendré la queja. Él, la historia.

Dice que he vivido demasiado, pero que quisiera tener mi vida a la vista: mi salida.

Dice que soy demasiado, y yo sin mí y con este afán de empobrecerme.

Me pregunto si es más truculento o más de trapo, y caigo en el instante de terror: no podré saberlo ni después del desayuno, ni en las entrañas de un crimen, ni al cabo de ochenta vidas, y de trapo y truculento son lo mismo, y no tengo que hablar de nadie, sino lavarme con arena la crueldad.

Descubriré a su madre en la entrada de un cine. La reconoceré enseguida: compartimos a su hijo, nuestro niño, nuestra niña finalmente. Nos miraremos, y ella me dirá: «Sabías que no somos su madre».

Mi amor esquivo, escaso, muñeco, simulado, pescador, encerrado, al trote, se prohíbe travestirse. Castigado. Manoseado. Tenebroso. Va buscando vencer, de madre en madre y de niña muerta en niña muerta, la aversión que le producimos nosotras. Y la avidez.

Para qué la agonía de ese empeño, de ese desdibujo.

Vamos juntos a beber del pecho de tu madre.

Contó que cuando se hizo amigo de su amigo, «él no se encontraba y se encontró en mí». No ha leído ninguno de los libros que escribí, pero proclama que me admira. Me vio en televisión. Le gusta cuando mi apellido casi puede oírse en el viento. Le gusta su tono con mi voz, y a mí me fascinó la imagen: un muchacho para enchispar la rabia de las señoras que me odian y encauzar la aflicción de los señores que me odian.

Pido que haya orden.

Que se me convenza de que miento en el año que me arruina, y de dejarlo a él donde surge, en mi niñez sin perdonar.

Vamos, amor, a bebernos a mi padre.

Me levanto antes del Sol. Escribo que madrugo para no perderme el día que ve a mi amado vivir, pero leo que, si uno se levanta muy temprano, antes de que la luz aparezca, tiene la ocasión de ver brillar, en todo su fulgor muerto, la deshonestidad de su corazón.

Quiero ver mi engaño como una moneda, pagar e irme.

Tal vez anoche me dormí llorando.

Si estuviera en el campo, oiría cantar un gallo.

¿Las gallinas se despiertan temprano, como los gallos? ¿Y se ponen enseguida a incubar?

Cuento las cosas que he incubado: la palabra. Otro libro. Uno más. Un millón. La amistad viva.

¿Amor puede acumularse, sumar amor a amor, sumar calor, y que le salgan plumas y ojos? Si quiero más a alguien que cuanto lo quería antes, ¿eso significa que al cariño le han salido partes, patas o riñones, definiciones?

Qué joven es. No tanto como cree. A su edad, yo ya quería no regresar.

Se excusa. Dice «lo siento» muchas veces, pero no dice qué siente.

No estoy con él: no estoy de su parte.

Me manda una foto de su verga empuñada. El borde del glande contempla la punta de la uña del pulgar. Son dos penes, uno mayor y otro menor, niños hermanos. Escribe: «Me mojé». Me incordian esas manos desde el primer día. No corresponden a alguien que congregue lo que yo lo pongo a congregar. Me recuerdan algo que debo y temo recordar. Muy redondas, muy cuadradas, bastas, de uñas muy pulidas. Parecen apoyarse en una espalda que se evade. Se parecen a una apuesta. No voy a extrañarlas: en ese consuelo conservaré la paz. Deben ser las manos de su padre y de su abuelo.

Pensé que era un elegido: Parsifal, el caballero casto que a todo responde «No lo sé», que se arrepiente y acabará tocando el grial con la mano y tomando el arma que sana la herida. Pensé mal, como si no supiera que el mal es no tomarse en serio.

El mal es no hacerse cargo.

Quien no carga consigo no tiene peso. No existe. Eso es el mal.

Un montón de pasto seco a mi lado. A mi otro lado, un macaco que sostiene una lata oxidada.

Hay gente que lo tiene todo.

Hay gente en la calima del bien.

Mi peor amigo, detrás de la cortina, dice: «Afloja, ¡suelta!».

Ahora va conmigo en la boca. Va mascándome. En una esquina cantará que me quiere y también que no me quiso y yo lo quise tanto, y que qué pena, para que lo quieran más los hombres que desean prenderme fuego y los que anhelan calentarse en mí, que son los mismos.

Al final, yo no encontraba qué decirle y dije: «Soy una persona».

La esterilidad de ese amor, su pureza de saliva, me exhibe rota entre sus manos.

El dolor se traga el saber, pero queda la fuerza.

Tengo el monte enfrente.

A sus ojos se sube su sonrisa.

Esa mirada hermosa tenía que ser verdad.

Llegué a pensar que era más linda que yo y que se me echaba en cara.

Me dijo una niña en mí —un cuerpo, una niña extraordinaria, un cuerpo muy pequeño—: «¿Por qué lamentas tanto hacerme el bien?».

Desnudo parecía vestido.

Él es mi envidia: hace una hora apenas, en este mismo cuarto en otro cuarto, era yo la adorada. Yo, la joven. Sobre mí se inclinaba un hombre maduro como ahora me inclino yo sobre este potro.

Yo, ahora, sobre esta gacela.

Mi pelo se derrama. Necesito mi cabeza.

Me celo.

Se fortalece.

Un hombre se le asoma.

Estoy solamente sin él, comprimida, santa, hundida, doble, pasada, descrita, patente y culpable.

Debió pensar, por mi cuchillo, que yo era un varón. Me ha sucedido antes: uno de los hombres que hay en un hombre cree que soy otro hombre, pues me planto y me endurezco, y entonces puede por un día quererme como igual, pero luego cae en la cuenta: con todo y la firmeza perseguida, soy mujer. Entonces ve la extensión profunda de la noche, y huele mi perfume y huele su desprecio.

¿Me ha pasado siempre?

Cuántas coartadas, cuánto llanto, cuánto filo para un cuchillo sin falta.

Se excita conmigo, pero sé que la apetencia no es lo mismo que el deseo. Son dos palabras distintas. Siempre hay dos palabras: ese es el problema.

Sin deseo no hay piedad. No hay un lazo, sino un eslabón que no puede romperse: una órbita perversa de inocencia.

Digo que lo amo, pero el ansia enternecida no es lo mismo que la entrega.

Le pregunto si sabe quién es Ganimedes. Le cuento que, esa vez, Zeus se transformó en águila.

Me muestra que se mandó hacer un tatuaje en las costillas: «Es el arco de Artemisa. Como te gustan los griegos, era en parte una sorpresa para ti». Me parece que le dibujaron dos testículos que forman una ballesta. No quiero que nadie se lo diga.

IV.

Emprendo el día vigilando, protegida por la luz, encubierta por las cosas que quieren ser vistas, disimulada entre ellas, aspirando a ser oscuramente vista, con mi vela apagada, penumbra de impaciencia y penumbra propia, desamada, preguntada pocamente, sabiendo e ignorando que el camino del día no es una decisión, sino la sombra que hace uno en el surco.

Pero eso ya lo dije.

Déjame dejar de repetir. Déjame acabar. Señálame lo que sí pertenece a mi conjunto; lo que cae entre mis estrellas, que el día no deja ver. Sigue contándome qué habría hecho alguien como yo.

A pesar de todo, cada día soy más libre.

A pesar de ser libre, este bloqueo.

El impulso de escribir tampoco se llama «deseo».

No hago este canto porque quiera, sino porque hay tiempo.

V.

Me despierto antes de que suba el Sol.

Me dicen: «Antes del Sol anda uno. Luego, con el Sol, uno no está solo. Anda así: un, dos, un, dos, tres». Estoy medio dormida, con el pelo enredado, como amanecen las crines de las yeguas por el juego de las brujas, y la trenza y el ensueño me distraen de estar sumida.

En lugar de repararme, me reparto.

Me hace falta.

Me late.

Es cosa mía.

Otro que señorea sobre mí me obliga a quererlo a él como dueño.

No doy por él un peso.

Se pone en venta.

¿Qué habría podido hacerme si yo no me hubiera detenido en el fondo de la Tierra?

Fui cayendo. Penetré el terrón más negro, y más abajo la capa de arcilla, y luego la de granito. La caída taladraba. Atravesé la veta de esmeralda, la laguna muy quieta, la veta de oro, el acero y El Diamante de Oro, que es el nombre de una casa de empeños que queda en un barrio del extremo norte. Abajo, abajo, en el centro del globo, finalmente me agarré, con mi cola de mono, a un grumo de hormigón o una pepa de durazno. No soné porque no caí. La música estaba de mi parte. Arriba, él sireneaba.

¿Y si el Sol es lo que miente, y la niebla de mi idea de amor es lo innato, lo inmortal?

Te estoy hablando, dios de la granada. Dios de las hembras que se tensan hasta volverse raya y, pasada la raya, su propio camino recto. Si no me muestras la justicia, hazme comprender la integridad.

Otra noche, en lo oscuro del campo, un cachorro de zorra se asomó a mi ventana. Miró fijamente hacia adentro, y supe que la luz lo anonadaba. Descubrió entonces el otro asunto del tiempo, el día en la noche, el día que seduce, adulterado. La electricidad. La casa visible sustraída al flujo verdadero.

A mediodía, el corazón ya sabe dominar.

Bogotá la horrible es dorada en enero, y vacía. Una corona mezquina.

Imagino que en mi caminata he tocado el norte y la montaña. De regreso, donde ralea el bosque, me pongo a contar de uno a mil. Sentiré el material de cada número que repita mentalmente —su atmósfera, su espíritu—. Los números no alcanzan el futuro, sino que me prometen el presente y, uno tras otro, solapándose, son toda posibilidad. En el 11 ensayo un modo de vida diferente del 18. Camino cada vez más lento, pues uno se demora más en el 791 que en el 22; pues tarda más en dictarse y en ponerse, por ejemplo, «cuatrocientos cuarenta y cuatro» debajo de la lengua o en el ceño, que «cuarenta» o «trece».

Cuáles serán, ahora, sus nombres.

Exploro estas estancias —las colmenas— mientras mi amado calcula beneficios.

Entre los números, aparecen su edad y la mía: veintinueve y cuarenta y cuatro. Treinta y dos y cuarenta y nueve. Veinticuatro y cuarenta y dos.

Cuando llegue a mil y me haya orientado en la salvaje cámara de cada cifra, podré dejarlo. Contar es cortar el hechizo.

Cerca de donde el zorrito descubrió la luz humana, hay un río que rapidece y acelera mi salud.

Salgo del bosque, y es como si saliera de la nube.

Ahora estoy pasando por una estación de gasolina que no sabía que existiera.

Ya es la tarde. Es de bajada.

VI.

Serían las tres si el mundo no estuviera muerto.

Ya vi que el fondo del mar es moledura de huesos. Ya voy lejos de mi casa, por entre ruidos que se parecen a mi casa.

Paso bajo el Sol. Que me escandalice, y su piedad me ordene ver que no he querido.

Amo a un muchacho que es nuevo, tenuemente peligroso, y no lo amé.

En plena luz todo envejece. Uno acepta que deseo y guerra son despliegues del cansancio.

Esta es la tarde. Es más joven y más rica que los dos.

Estoy llena: no como un cofre, sino como un tambor, y viene un ritmo que no es «con, sin, con, sin, sin, con, sin, sin, con».

Una mujer es una hembra humana. No es un gusto. Soy yo.

Sus ojos se parecen a la margarita y no a los míos, que son cabezas de pájaros que se buscan ciegos con el pico.

A la margarita y no a los míos, que son de acero que corre.

No somos hermanos y no somos iguales.

Decoro mi corazón.

Que llegue la invasión del amor, y celebremos que no tendré en mi cama a otro tan bello como él, sino al mejor.

En la puerta hay una figura. O, como se dice en el abanico de algún libro, «se recortaba una figura en el umbral».

Me estremece imaginar que en el futuro habrá una mujer con mi daño exacto de él.

Me atrevo a conjurar a las que están en el pasado con mi dolor original.

No me hace feliz darme esta justicia, pero ser clemente sería odiarme.

Puedo ponerme ahora a sentir lo que siento.

Todo el mundo muere de amor. Es impresionante. Nosotros, nosotras, todos, juntas. No existe otra causa de muerte. Cualquier otra causa es mentira.

VII.

He llevado mi confusión encima, durante el día, como el manto de la invisibilidad, sin saber de qué color, hasta saberlo en la lengua.

Uno puede ver el futuro, si ensaya y si se esfuerza. Si llega a tanto poder de tanto pensar bien. Si se disciplina y se centra y se dispersa como debe, llega a ver el futuro. Llega, si sabe lo suficiente.

Pero el interior de la cabeza de otro no lo verá jamás.

Un día descubrirás el aspecto que tienes en la celda de otra alma. Vista desde afuera, tu interpretación —dibujo deforme en las ondas concéntricas del agua— tampoco será la verdad, pero sí la solución.

La mentira es la respuesta a la pregunta que el rey Lear les hace a sus hijas: «¿Cuánto me quieres?».

Es cualquier respuesta a la pregunta «¿Cuánto?».

No olvides que los hombres por quienes has llorado también han llorado por ti, ni que en todo lugar hay un hombre que te pone en una balanza contra la mitad de su amor, ni que este es el débil, incesante intento de amarte a ti misma.

Algo puede ser a la vez farsa y necesidad.

La juventud se cree sincera, aunque se obligue a traducirlo todo y lo traduzca mal.

La juventud a otra edad quiere ser joven, estar empezando y seguir delante de la puerta.

¿Qué sigue siendo, en mí, mi juventud?

A mi edad, uno no guarda cartas para encontrarlas luego.

En mi casa hay frutos. Tal vez hojas. Una sola flor.

Al deshojar la flor, no digo: «Me quiere mucho, poquito, nada», sino «Como no me quieres, que me quiera el mundo». No deshojo: me desgrano.

Dios del arte de transformar el girasol, dios del desgarro y de la horma: dime con qué responderte. Que llegue el domingo suficiente, en el que uno, desencantado, se aparece en el cielo.

Algunas personas son trampas.

Dice Kent, en *El rey Lear*: «No soy tan joven, señor, como para amar a una muchacha porque canta, ni tan viejo como para enloquecerme por ella por nada. Cargo cuarenta y ocho años en la espalda». Esa es mi edad ahora, y en otra vida fui su nieto.

Hay dos bellotas en mi mesa de madera: una verde, que ha caído prematuramente, y una dorada, que pondré en la tierra.

De todas formas, perdí la cabeza y la necesito.

En otra vida fui su esposo. Me escondió un secreto incluso en la agonía. Soy oscura y tengo un vestido amarillo. Él es mi padre. Tiene la edad que tenía mi padre cuando se fue de nuestra casa, en esta vida. Es mi padre en otra vida, y mi madre ha muerto de parto. No conocemos a nadie más. Me duele en el fémur, no en el hombro.

Esta hora diurna junto al río fue, en otra hora, noche gris de las palomas, con luna, noche láctea, linterna, y más tarde, casi en la mañana, noche de golondrina azul, y en otra temporada, abrumadora de diosas, fue la noche del cuervo, y luego, entrada en el sueño, noche de pavorreal y, separada del sueño, con el vuelo emprendido, nocturnidad del colibrí.

Cuando leas esto mañana, estaré lejos del muchacho de ojos de flores de brasas.

Existe el día del olvido, pero también es un día.

VIII.

Es verdad que junto a él he visto a uno que también es él, pero extranjero, que sí viene conmigo y va con todos.

Si yo fuera un cantante italiano, él me amaría. Si yo no lo hubiera amado, él me amaría. Si yo en verdad lo hubiera amado, él me amaría. Si yo supiera confiar, él me amaría. Si yo no quisiera el desquite, él me amaría. Si no fuera por nuestra vergüenza, él me amaría. Si yo

hubiera sido él mismo, él me amaría. Si logro descono-
cerlo, lo habré definitivamente amado.

El futuro tiene aire, y puedo respirarlo en este día en
que cada vez canto peor.

La ayuda

Yo me lleno al entender que no voy a lanzarte un hechizo. Podría llenar de agua un cuenco. Llenaría de agua el cuenco de resina que tengo junto a la ventana, anaranjado, vacío de agua, lleno de semillas. Lo vaciaría de las semillas. Lo pondría bajo el grifo abierto en la cocina. Pensaría en el camino que recorre el agua desde el tanque, en la azotea, hasta mi apartamento, tres pisos más abajo. Dentro de mí, y del grifo al cuenco, recitaría el camino que el agua recorrió para llegar hasta el tanque desde los riachuelos del páramo que luego alimentaron la represa y que antes fueron gotas en las hojas peludas de los frailejones de las cumbres, y el camino que recorrió para llegar hasta allí desde la nube, y a la nube desde uno de esos charcos que se forman bajo las baldosas despegadas de las aceras bogotanas, que pisas y te escupen hacia arriba un agua negra que te llega hasta la boca, y el que recorrió para caer a la acera en la llovizna que fue vapor que se levantó del río en el que desembocó la alcantarilla que recibió el agua de tu baño. Pensaría en el agua que contengo. Haría que el mundo y tú existieran, promisorios y disueltos, en el círculo de la humedad, y el círculo en mi pensamiento.

Con el cuenco lleno, que también es mi cuerpo y el tazón del cielo, me sentaría en mi silla antigua de cerezo, que es el objeto más reciente que he adquirido. Me pondría el cuenco sobre las rodillas, como una criatura, como si fuera el erizo que cruzó la carretera por la noche, anoche, y se escapó de ser atropellado, pues cerró los ojos y corrió sin dejar que las luces del camión lo deslumbraran. Estuvo un rato en la cuneta, hecho una bola de púas, como una estrella. Como un virus.

Para hacer el hechizo, yo me inclinaría sobre el agua. Sobre el erizo. Miraría en la superficie mi rostro fabuloso, que no sabe esconder nada, que no aprenderá cómo esconder. Desenfocaría la mirada para que en el agua se revelaran el océano y las islas, la forma de los golfos, sobre los muslos, en la silla, dentro de mi casa, los exactos accidentes, el mapa del archipiélago y el perfil de tierra firme. Viajaría por donde vagas ahora tú.

Repetiría: «Y un viento de Dios aleteaba por encima de las aguas».

Detrás de mi mirada y muy lejos de mis ojos, por delante, en el presente, en el cuenco que contiene el ansia de los mares, aparecería tu barquichuelo. Tu barquita, que te lleva del puerto hasta la ola y te ha traído muchas veces de regreso a mí. Tu balsa de naufragado: tu vida diurna. Y entonces —si conociera quién es el agua y comprendiera su natura y me elevara hasta hablarle como a igual, y llegara a amarla con el ardor del fuego que ella apaga— pronunciaría unas palabras ininteligibles e incompletas, que cargarían con la horribilidad de la mentira.

Luego, diría: «Por la verdad de la Verdad».

Soplaría, primero suavemente, para verte derivar. Luego soplaría con fuerza, y en las olas y en el cuenco se formaría una tormenta. Aparecería, frente a ti, tu pretensión. Tu barquito se hundiría hasta el fin del mundo y el lecho del océano. O subiría a la superficie, y un nuevo soplo suave, una brisa de mi boca, lo arrastraría hasta el rostro que ya te ha encadenado y te ha salvado y ha vuelto a encadenarte; que te ha salvado, pero no te ha liberado. Llegarías, pero no a mi lado.

No sé hacer brujerías. Nunca he lanzado, adrede, un hechizo. En el encanto y el desencanto, solo he sido un instrumento. Con alguna frecuencia he orado, en cambio, y he leído que así puede hacerse: se le dice a Dios quién cree uno que uno es y quién cree uno que él es, y se le pide que tienda la mano desde el borde del naufragio; que te saque por el borde del cuadro. Luego uno agradece para disolverse.

He leído que para hechizar se llena de agua un cuenco, como dije, se pronuncian ciertas palabras sobre el agua, y se da el soplo. Así se transforma a una mujer en gacela, o a dos hermanos desleales en dos perros, o a un becerro se lo reconvierte en el niño que una mujer celosa encerró en un cuerpo de becerro. Todo está en las *Mil y una noches;* Shahrazad se lo cuenta al rey del tiempo, y, como he leído el libro, cuanto él contiene ha quedado en mí.

En la ladera del monte tengo un bosque joven plantado de mi mano. Conozco cada uno de sus árboles, sus arbustos y sus hierbas; han crecido con mi tiempo y, mientras han crecido y decrecido mis amores, ellos han seguido buscando el cielo con la copa y la certeza y, con la raíz, han buscado el nacimiento de la ley: la semilla y el cadáver, en un amor necesario y no sublime.

He visto que, cuando haya muerto, alguien va a talar mi campo: todos los árboles y las flores que he plantado. Va a usar la motosierra y el machete, y luego repasará con el tractor, para que no quede ni el brote solitario. No tengo herederos: lo hará sin compasión. Lo más difícil de aceptar —por así decirlo, pues en realidad busco que me importe, y no me importa— es que lo hará, también, sin rabia: simplemente cobrando la jornada, para meter un cultivo de papa o una vaca. Sin rabia van a destrozar mi adoración.

Guayacán. Roble. Eugenia. Caucho Tequendama. Hayuelo. Mano de oso. Lupino. Calistemo. Eucalipto. Arrayán. Tíbar. Guayabito. Encenillo. Yarumo. Camelia. Sangregado. Higuerilla. Feijoa. Cedronogal. Duraznero. Peral. Ciruelo. Caucho sabanero. Gaque. Plátano. Campano. Acacia romana. Acacia llorona. Jazmín. Níspero. Alcaparro. Jazmín de la China. Ciro. Sietecueros. Jabuticaba. Nogal. Incienso. Chilco. Álamo. Chicalá morado. Liquidámbar. Tomillo. Falso pimiento. Higuera. Helecho común. Verbena. Lavanda. Araucaria. Menta. Tabaco. Orquídea. Pino romerón. Geranio de olor. Grosello. Papiro. Caballero de la noche. Cerezo. Romero. Borrachero. Tomate de árbol. Sauco. Gardenia. Uva camarona. Rosal. Mimbre. Cayena. Palma de cera. Palma bogotana. Magnolio. Mermelada. Manzano. Aguacate. Aliso. Abutilón. Junípero. Laurel.

Sé reconocerlos por el nombre que el hombre les ha dado, y también llamarlos por el nombre que les doy, que no tiene sílabas ni llega hasta la lengua. Podría invocar su savia como he congregado sus figuras en mi bosque. He recogido del suelo las semillas del cedronogal —que así lo llamamos en este altiplano, y no es ni el cedro ni el nogal que un europeo leería—, y las he puesto en mi casa, en una repisa sin agua, para que vivan para siempre y se desintegren como todo y no sirvan para nada. Son casi como joyas. Mi voluntad está en los árboles, que —a pesar de la visión del arado que vendrá— he plantado para que vivan no solo cuando yo esté muerta, sino también hoy, mientras siento que vivo evadidamente.

En cuanto estoy ausente de mi tiempo, encerrada en la pena que me envías, sin que sepas, cada vez que tocas con la mano un objeto de madera, mis árboles siguen caminando. Pienso en eso, y entonces me doy cuenta de que no estoy afligida, sino temerosa de que vaya a pasar lo que pasó —que no me quieras más—, como si hubiera que esperarlo en vez de recordarlo. Entre los árboles, entre su madera viva que hoy ninguna mano toca, caigo en la cuenta de que ya quedé del otro lado de la despedida y el cariño. Entonces me digo: «Ya pasó», y no me consuela saber que estoy en el futuro —en el mío y en el tuyo—, pero me sirve saber que en tu estela no se quemó el bosque.

«En todo caso, no hay que perder de vista que casi todos los hombres son enemigos de todas las mujeres», digo en mi silla, así redactado, palabra por palabra clara, dando el paso del hechizo al resguardo. Con el paso del erizo.

En los días toscos me alegra que en el bosque haya yemas nuevas —o casi me alegro, como si el rey del tiempo me arrojara un dinar de oro—, y he estado atenta a la cañada que en verano se silencia y en invierno vuelve como el rumor del oído mismo. Digo que los árboles me ayudarían a lanzar el embrujo porque son mis familiares y en ellos no solo está mi voluntad, sino que también se tiempla mi deseo, y del tronco de sus padres está hecha tu barquita, y mi silla, en la que fantaseo con malograrte, está hecha de las ramas de sus padres.

También es de madera la mesa en la que escribo. Es de roble. Ahora está en un lugar con el que a menudo sueño. ¿Cómo llamarlo? ¿«El lugar que se me aparece en sueños»? ¿O «el lugar que se hace, que hago, que me llega en el sueño»? El lugar es el sueño. ¿Y cómo decir la acción del sueño? ¿Es «he tenido» un sueño? ¿Cuál es el verbo que se aviene a esa experiencia y puede volver a enlazarme con ella? ¿Digo que «Hice un sueño»? ¿«Recibí un sueño»? ¿«Vi un sueño»? ¿«Viví un sueño»? ¿«Me entró un sueño»? ¿«Me salió un sueño»? ¿«Se me ocurrió un sueño»? ¿«Me aconteció»? ¿Puedo decir que me dio un sueño, como digo que me dio alegría o me dieron ganas o me dio un dolor? ¿Quién es el donante, cuál el vehículo?

Esto es lo que veo en muchas noches: estoy en una casa que es mi herencia, pero que todavía no he heredado. En una habitación hay una mujer acostada en una cama. Yo sé que, cuando ella muera, la casa será mía. Mientras tanto, soy la huésped. Recorro la casa, me asombro, me confundo. De noche en noche, la casa va acumulando habitaciones; la mayoría están vacías. No sé cuál elegir para dormir. Al final (¿de qué?, ¿de mi casa?, ¿del sueño?) hay un baño muy grande con una gran bañera. Está vacío y descuidado. Soy alguien que tenía que llegar hasta ese baño. Tal vez —aunque no parezca, porque en los sueños falla la abundancia— sea el baño al que Aladino le pide al genio que lo lleve —«un baño que no tenga par en el mundo»— cuando recibe la noticia de que ha conseguido su deseo y la princesa Badr al-Budur se casará con él. Según Shahrazad, «Era todo de mármol y coral, y estaba adornado con maravillosas pinturas, cuya vista asombraba; toda la sala estaba incrustada de piedras preciosas. No había nadie en ella. En cuanto entró Aladino, se le acercó un genio de aspecto agradable, que lo lavó y bañó a su entera satisfacción... Después de salir del baño, Aladino se dirigió a la antesala. Sus vestidos habían desaparecido, y, en cambio, había un equipo completo de regios trajes. Luego le acercaron los sorbetes y el café con ámbar». Allá estoy poniendo yo mi mesa de roble.

Hay un cuento que aparece en muchos libros, de distintas maneras —y también en las *Mil y una noches*—, en el que se dice que un hombre despierta en un lugar que no le corresponde —en el palacio del rey y ocupando el trono—. Oye que lo llaman por un nombre que no es el suyo y que le hacen reverencias, y cree que está soñando, pero luego se convence de que está despierto, pues ve con contornos y nitidez cuanto lo rodea, siente la textura exacta de la ropa que le han puesto y oye llamar con nombres propios y recordables a quienes lo acompañan. Tiene razón: no está soñando, sino que acaba de despertar después de que alguien poderoso —el verdadero rey— lo ha dormido con drogas para hacerle creer que es otro distinto de sí mismo y para probar si puede vivir como ese otro; es decir, para saber qué sabe. Luego los mandaderos del rey vuelven a dormir al hombre, lo transportan a su lugar de antes y hacen que despierte como quien era, en su casa insatisfactoria. Entonces, el hombre se convence nuevamente de que el palacio y su reinado han sido solo un sueño, salvo que ha traído de ese sueño algo: una nueva perspectiva, o una herida, o una cicatriz, o la culpa de un crimen. El cuento sigue, y el hombre puede llegar a ser rey en la vigilia, como en *La vida en sueño*, pues desde el principio era el príncipe heredero, o puede llegar a ser amigo del rey, como en el cuento árabe de «El durmiente y el despierto». Yo creo que en cada relación que tenemos con otro se repite esa misma prueba —o juego, o broma— que nos hace creer que nos hemos transformado y luego nos hace ver que seguimos siendo los mismos y luego nos hace saber que nos hemos convertido en otros que eran los de siempre. Creo que eso es vivir el propio destino y a la vez es aprender, y que puedo librarme de los engaños si consigo comprender la reversibilidad de los sueños. Pero Alá sabe más.

Antes de dormir, imaginé que compraba una mesa nueva para el comedor. Luego imaginé que le vendía a alguien la vieja. El comprador la vendía por el doble de su precio. El segundo comprador la vendía a continuación por el doble del precio que había pagado, y así, de comprador en vendedor, ella llegaba a costar todo el dinero que existía en el mundo, siendo comprada y vendida sucesivamente por toda la gente que existía, que es la gente que cree que vale el doble de lo que vale y que piensa que las cosas deben costar el doble de lo que han costado. Sin embargo, no sería posible que mi mesa llegara a equivaler a todo el dinero que existe, pues la totalidad final del dinero no existe. Pero es justo imaginarlo, pues todo el dinero, por poco que sea, es imaginario.

Antes de pensar en el cuenco y el hechizo, después de haber pensado lo anterior y de haber dormido y soñado con mi casa del sueño, o con otra cosa que en todo caso sería mi casa —pues no veo cómo alguien pueda soñar con nada que no sea el regreso—, tenía entre los dientes un verso con un título. El título era «Bosque», y el verso, «Los hombres son días a los que me aferro con la cola».

Si un día tengo una perra, la llamaré Manzana —pero alguien tendrá que recordarme que lo quise así—.

No tomo el cuenco ni lo lleno de agua. Lo dejo donde está, junto a la ventana, lleno de las semillas que recogí en un cementerio de Castilla donde está el cuerpo de un santo, al pie de un árbol que no vi crecer y que aquí, en el trópico, no crecería. Estoy sentada en mi nueva silla antigua de cerezo. Dejo de pensar en tu barquita y me pongo a pensar en esta silla, en mi lugar.

«Mi barca es esta silla», digo.

El mar está como la tierra. En él, la barca quieta.

«Escribir es pensar despacio», digo, y es navegar.

La silla es el objeto para mí. Si alguien me dice: «Piensa en un objeto», creo que pensaré enseguida en una silla. Es la cosa que me viene. Es la cosa construida; la primera imaginada, elaborada, puesta en mi mente por la gente y sus generaciones. Antes de la silla, nos sentábamos en una piedra o en un tronco caído: en un obstáculo, un doblez del suelo. La silla es un espacio. ¿Cómo cierra, cómo encierra, cómo limita y cómo acoge? Transita entre el cuerpo y el lugar. Moldea el cuerpo. Lo modula. Lo dispone y hace que sea cuerpo doblado, desdoblado, respaldado, sostenido. Lo convierte en figura, no de la manera como pronunciar palabras sobre el agua convierte a alguien en gacela.

El asiento es la residencia de «estar», que guarda el verbo latino *estare*, que significa erguirse, ponerse en pie —lo contrario de sentarse—. En «estar», la silla está, pues, en pasado. Alguien se ha levantado. Con el verbo latino *sedere*, del que viene «sentarse», está relacionado el infinitivo del verbo español «ser», según me dicen. Palabras emparentadas con «sentarse» son «disidente», «ausente», «poseer» e «insidia». Habría que usar esas palabras, pero retorcidas e incomprensibilizadas, para componer el hechizo de la silla y el cuenco lleno de agua, que ya no me interesa. El andén de la calle es un largo asiento común, y el espaldar es la fachada de los edificios que lo bordean. Además de existir para el asentamiento, la silla sirve para dejar atrás. Me lleva en el vehículo —en el tren, el carro y el caballo— y me hace aparecer en otra parte, o me pone frente al escritorio, para que desaparezca en el trabajo. Me siento a aspirar a ser y me siento a abandonar.

Un asiento es un escalón.

Había un juego que se llamaba «sillas musicales». Se jugaba en las fiestas infantiles. Se ponía en el espacio una fila de sillas, con una silla menos que cuantos jugadores había. Se ponía música. Los niños rondaban las sillas al ritmo de la música. Alguien, de repente, apagaba la música, y entonces, al percatarse del silencio, cada niño debía sentarse enseguida en una silla. Al final de cada ronda, un niño se quedaba sin silla y salía del juego. Al inicio de cada ronda, se sacaba del juego una silla más, hasta que al final quedaban dos concursantes y una sola silla. Tenía sentido la conexión entre sentarse y el silencio, y entre la música —caminar a su ritmo, escucharla, notarla— y la imposibilidad de sentarse antes de tiempo. La penalidad que se le imponía al niño que se quedaba sin silla no era nada: podía quedarse mirando, por fuera de la ronda, escuchando la música y recibiendo el golpe del silencio, sentado en una de las sillas que, como él, se habían sacado, sin inquietud ni contienda.

Cuando entré al almacén de antigüedades a comprar esta silla desde la que no lanzo un hechizo, conversé con el vendedor acerca de los muebles que se pusieron de moda hace cincuenta años, como ella, de patas delgadas y brazos planos como balsas, de teca pulida. Él me contó que le habían mandado que retapizara un sofá gordo, de los que estuvieron de moda hace cuarenta años, y descubrió que debajo de capas de cartón y esponjas había un sofá precioso, de brazos descarnados de caoba. Y otra vez descascaró una poltrona y encontró adentro sentado un taburete, sin siquiera brazos.

La silla sirve como ejemplo para ilustrar cualquier cosa, pero, a través de ella, cualquier cosa puede quedar mal ilustrada: en la universidad tuve un profesor que, para explicar la teoría de las ideas de Platón, hablaba de las «sillas particulares» y la «idea de silla». Era una explicación perezosa, pero él no se sentaba durante la clase.

La silla junta arriba con abajo. En portugués se dice *cadeira*, como la cadera que en español articula y señala nuestras dos mitades. La silla es femenina y es también el esqueleto. A alguien le piden que la imagine, y ve en la mente la de una pintura famosa, o un dibujo de palos, de cuatro patas y un ángulo recto. Creo que en mi pensamiento la silla se ve primero de perfil: me muestra su trazado en vez de invitarme a ocuparla. No encuentro ninguna silla que mi memoria favorezca sobre otra. ¿Uno está sobre una silla cuando está sentado en ella, o está dentro de la silla? No siento nostalgia por ninguna. Las del comedor de mi madre eran pesadas, de guayacán macizo, rústicas, con cojines de lana blanca. Yo estaba en una de ellas cuando vi un fantasma: una vieja encorvada que se cubría la boca y la nariz con un rebozo marrón, asomada al corredor. Después de mucho presionarla, mi madre admitió que ella también la había visto, y varias veces; en algunas noches la vieja venía a vigilarle el sueño, sentada al borde de su cama, con media cara quemada. Hubo una silla que compré de segunda mano, verde, floreada y con agujeros, en New Haven, a la que llamé «Clora». Eso fue hace veinte años. Cuando niña tuve, muy fijas en las ganas, unas sillitas de mimbre que no tuve.

Cada asiento es una cama para la persona muy corta que también soy. Para alguien muy largo, que también soy, mi cama es una silla. Se come en la silla. En ella se invoca el hambre. Uno llena la silla y, en ella, llena de hambre, se llena uno. No me gusta estar sentada. No es significativo que me guste o no me guste. El gusto es nada en la boca, y fue cuanto tú y yo tuvimos en común: lo que creíamos que era el buen gusto coincidente —para las sillas, por ejemplo—, y en la boca la lengua del otro, que no sabe a nada, en el beso, que es hablar por hablar, a pesar de todo lo otro que un beso también es.

Una silla es un animal inmóvil y movible, de cuatro patas y dos brazos. De seis patas, en total: un insecto. Es un animal artificial que el hombre monta sin domarlo. O un animal quieto que el hombre naturalmente monta. Es un hombre en cuatro patas, y un hombre es una silla de dos piernas y dos brazos. Un hombre está vacío si no tiene, en él, sentado a otro.

Caliento agua en una olla de peltre. Cuando está hirviendo, pongo en ella una piedrita. La recogí cuando estaba con él, durante un viaje al desierto de La Guajira. Hay piedras sobre las que uno diría que nunca ha corrido el agua, de tan rudas y ásperas que son. No las ha pulido nada. Yo traje esta a vivir conmigo, que es amarla y es sustraerla. Pongo a cocinar la piedra —que quiere irse al fondo— para darme una lección de cómo algo puede no cambiar, o no puede cambiar, a pesar de que pase de todo a su alrededor: el agua borbotea y se evapora, y la olla se ahúma, mientras la piedra sigue exactamente igual. Quiero enseñarme que no es posible perder. O es posible, pero no es verdad. Esta piedra es un trozo de granito, negro con manchas blancas. Aumentada con un lente más potente que el agua, serviría como asiento en el bosque. Me hace pensar en la piel de un zorrillo. Es un mojón que me ayudará a retomar el camino, que es lo único que hay que hacer y es también lo único en lo que se puede ayudar a otro. Del agua caliente sale el humo y, del humo, el genio de la olla. Quiero pedirle un deseo, pero lo que le digo no parece la formulación de un deseo, sino de un enigma. Tal vez el deseo es que el genio resuelva el enigma. Lo que le digo es que tengo el corazón de piedra, pero así, de piedra, también es una ofrenda. Mi corazón está empedernido, no petrificado. Y lo quiero presentar.

Hace quinientos años, más o menos, los hombres reprodujeron muchas veces un emblema que llamaron «mutuum auxilium», para acordarse de la ayuda. Grabaron la figura, e hicieron con ella sellos y los estamparon en papeles. Una pintora amiga me mostró algunas versiones antiguas y otras que ella había hecho en Alemania. El emblema muestra a un ciego que carga en la espalda a un cojo que va indicándole el camino, y de ese modo los dos pueden avanzar. El ciego no le da al cojo sus piernas, ni el cojo le da al ciego sus ojos. La ayuda es la posibilidad de un don sin renuncia. En el cuerpo de dos cuerpos, compuesto y capaz, también se ve que la ayuda recíproca es la creación de un monstruo. Dos hombres abrazados, montado uno en el otro, sentado uno en el aire, pero sostenido por el otro, como una silla en una silla, son un animal nuevo, una forma con cuatro ojos y dos piernas. ¿O es un árbol? ¿Un árbol caminante? Uno está sobre el otro, pero no por eso lo controla. La ayuda mutua es la ilusión del recíproco gobierno. Un ciego carga a un cojo y, entonces, ambos pueden continuar. Un ciego carga a un cojo y, entonces, uno solo, compuesto de los dos, ambiguo, llega dibujado hasta nosotros.

A veces van por el camino que uno de ellos quiere, y otras veces van por el que el otro cree recordar. Al final puede decirse que van por el camino de ambos. Puede suceder que en el suelo haya una piedra, un hueco, una trampa que el vidente no puede ver porque sus ojos están demasiado altos. La suma de dos hombres no da como resultado un hombre a salvo, sino un hombre móvil. A pesar de la ayuda, a pesar del concierto, ver bien sigue siendo muy difícil.

La espalda es lo que está atrás y da al pasado. En la figura que conforman los dos hombres que avanzan uno sobre el otro, tras una espalda hay otra espalda. Se precipita el pasado al infinito. La cabeza es lo que está arriba. En la figura que conforman los dos hombres, una cabeza está encima de la otra. Subir es infinito. La naturaleza de las piernas es moverse. En la figura que conforman los dos hombres, dos piernas cumplen la función de cuatro piernas. Son más piernas.

Yo quería cargar contigo para ir por el camino. Que fuéramos colgados uno del otro, abrazados. También dos personas que luchan entre ellas se agarran mutuamente, para impedirse el movimiento y para moverse de otro modo, juntas. La figura de la posesión se parece a la de la ayuda mutua, pero, en ella, el que se monta sobre el otro lo arrasa y lo abisma. Le pesa y lo azuza. Sale de él y entra en él. Pesa como un exceso, no solo como un cuerpo. Como muchos cuerpos. Como una condena. De mi peso surgía tu paso, o al revés. Y cuando yo cargaba contigo, también me envolvías.

Las piernas del que va encima, que no tocan el suelo, van transformadas en brazos. Pareces salir de mí. Sales como un fantasma, como un brote, como un desdoblamiento, como un dibujo de mí. Cada uno surge del otro en la forma de su ayuda.

Solamente para caminar puede uno ponerse sobre el otro y pueden los dos hacer algo juntos. No para dormir. En la noche, en la pausa, cada uno está solo, tendido, inauxiliable. Al amanecer, ambos se sienten fuera de lugar. Al mediodía, el cojo siente sueño y no puede cerrar los ojos porque él es los ojos.

Yo no estaba ciega. Me hacía la ciega para llevarte en la espalda. Necesitaba peso para avanzar: la otra confianza. ¿Cómo se nos veía de lejos? ¿Borrosos, multiplicados, con los bordes tenues, desdibujados como las cosas en movimiento?

Quien no puede ver y carga a quien no puede caminar se encuentra con otro que no ve y que carga a otro que no camina. Los dos que van encima pueden verse.

De repente surgen de nosotros dos, entre nosotros dos, un montón de piernas cojas y andantes, y de ojos ciegos y videntes, de gente que no eres tú ni soy yo, que no está aquí, que no va con nosotros, que ya fue y volvió. Todos hablan nuestra lengua, en la que se dice «voy cargada» tanto si llevo una carga como si alguien me lleva como su carga.

Una silla determina el cuerpo de quien se sienta en ella: lo convierte en cuerpo replegado y, a veces, escurrido. Una silla está vacía si en ella no hay un hombre. Una silla es una inválida. El trono está más vacío que cualquier otra silla si el rey no está sentado en él. Metido en él.

El asiento es el amigo.

No hace falta que yo trate de hacer magia.

No hace falta que se llene de agua el cuenco.

No hace falta que el cuenco se atormente.

Hace falta que yo recuerde que el mundo existe con sus sillas.

Hace falta que recuerde que el mundo no existe: ni una silla.

Hace falta el remedio, no el hechizo.

Hace falta el remedio para el hechizo.

Pienso en la frase de siempre: «Una profunda soledad». ¿Qué hay en el fondo de una profunda soledad? ¿Cuál es el fondo de una silla?

Me levanto de su espalda, en la que he estado sentada. Me incorporo para que él se levante de mis muslos. Esta es la coreografía.

He escrito sentada casi todo lo que he escrito. He trabajado en una posición en la que no me siento cómoda ni contenta, y en la que no espero mejorar. Es necesario que ahora, al menos de vez en cuando, escriba tendida en la cama; en el objeto donde he amado y quisiera estar amando y no escribiendo; donde fui concebida y he dormido y quisiera estar durmiendo en lugar de trabajar. En el espacio del placer y los sueños, para que escribir sea el deseo. En la región donde la debilidad llegará al último límite. En vez de soplar sobre el agua para volver a verte y recogerte inmóvil, me levanto de la silla de árboles talados, bebo el agua y me acuesto a escribir algo que sea descansar.

Enterrar al enemigo

1.

Veo un funeral en el que abundan los enemigos de la muerta. Han ido a mostrar sus respetos —¿han ido a qué?— solos y en grupos.

La muerta tuvo enemigos en vida. Algunos de ellos fueron a su funeral. Algunos de ellos son muchos.

Una muerta no tiene enemigos.

En el funeral, los enemigos se encuentran, se reconocen, se congregan. Allí se forma y se reforma una sociedad. Imagino la escena en una iglesia u otro templo, o en un jardín rojizo (amoratado) frente a un horno crematorio. Los enemigos zumban en ese nuevo lugar de la concordia que la muerte de la enemiga les ha dado; en la convicción recién asumida de que, en verdad, la enemistad es inconcebible. Parecen haber accedido al otro lado de la vida. Es como si hubieran superado el tiempo. Han ido al entierro para que se sepa que no serían enemigos de nadie. O han ido a mostrarle su respeto a la muerte —o a pagarle—.

Los veo de pie en la nave de la iglesia, mientras pasa el féretro, como si fueran los deudos. Allí me veo odiarlos. Me declaro su enemiga, pues me imagino adversa al enemigo de quien tiene muchos enemigos. Luego, imagino que siento y formulo el deseo de no sobrevivir a mis adversarios. Me hablo sobre la vergüenza de vencer. Sobre la irrisión de vencer. En la fantasía, me enseño a perder.

Pienso que no es insultante que ellos hayan ido al entierro de la enemistada a jactarse por haber durado un poco más que ella bajo el sol. Insultantes son su satisfacción melancólica, su idea de que la enemistad se ha cancelado, su saber de la brevedad de la vida, su «para qué habernos gastado en batallas, ya que todos éramos mortales», su «pensar en cuánto nos peleamos, para nada», sus consideraciones sobre el tiempo perdido.

Me enemisto con cada antiguo enemigo de la muerta —no para siempre, pero sí por la duración de la historia humana—, para saludarla a ella en la vida. Para defender el tiempo contra la noción de que lo sucedido fue perdido. Me hago amiga de la muerta, de la enemiga, de la mortalidad y del pasado.

Imagino que digo: «Ella tenía estos enemigos. Serán los míos».

No emprendo, sin embargo, una venganza —que es acopiar la herencia de la enemistad—. No me dispongo a hacer nada. Solo digo lo que digo.

Seguiré viéndolos en la imaginación durante un minuto más, en aquel funeral, antes de olvidarlos; antes de parpadear en la fantasía y que ellos queden, con mi parpadeo, muertos y enterrados. Veo su compunción, que en cualquier momento se resquebrajará en una sonrisa.

Los empleados fúnebres meten al fuego o en la tierra a la enemiga, y los antiguos enemigos se recrean a sí mismos en el cielo, encima de los días, en el rapto sintético de la reconciliación.

(¡Ah, en cambio, la adversa muerta quién sabe en qué más allá inesperado, en qué gloria enrevesada esté!).

Los veo salir de la iglesia o alejarse del cementerio. Llevan las manos juntas al frente, una sobre la otra, sobre la parte baja del abdomen. Salen y miran hacia abajo. Parece como si acabaran de comerse a su enemiga y acabaran de iniciar una profunda digestión. Pero no se la han comido: no son exactamente sus depredadores. Ni siquiera creo que esos que he estado viendo en la mente, en ese entierro imaginario, y de los que he estado reportando, hayan sido enemigos de la muerta. Han sido sus maledicentes, sus detractores, solamente.

Además, tal vez sí sean sus dolientes. Tal vez a ellos, que la malquerían, les faltó que ella les diera algo.

En la memoria veo que el año pasado murieron dos colegas míos, escritores, con dos días de diferencia. Yo solía ser contraria al primero —a quien casi nunca veía—, mientras que con el segundo —a quien veía muy poco— me unía —creo— el cariño. Pienso más en el primero que en el segundo, y me hace más falta en el mundo. Con el segundo yo tenía una historia completa y sabida: entre nosotros no podía tener lugar otra cosa que la reiteración de nuestra benevolencia. Cuanto iba a pasar entre nosotros tuvo tiempo de pasar. En cambio, la incordia con el primero limitaba mi imagen propia y mi previsión. Dictaba la esperanza de un enfrentamiento o de una resolución. Nunca tuvimos tiempo. No tuvimos ningún tiempo. No coincidimos. Nuestra oposición daba un porvenir.

La pendencia es lo pendiente.

La enemistad promete el duelo. Es el futuro.

Pensar en que hay algo pendiente entre amigos es dudar de la amistad.

¿La enemistad es cosa de esta vida —de toda la vida—, mientras que la amistad es de la otra vida?

2.

Es fácil pensar en la rivalidad, en los rivales: en personas que aspiran a un mismo bien y que, para obtenerlo, buscan la exclusión del otro. Toda pareja de hermanos es un par de rivales. También los contrarios en una guerra son rivales. Pero ¿qué cosa son dos enemigos y qué es la enemistad? Ser enemigos es estar trabados en una relación que tiene y cuenta una historia; es formar un vínculo con junturas y apartamientos: ya una cadena. Los enemigos transforman, a través del drama de la adversidad, la fuerza en lenguaje.

Si Héctor, de la *Ilíada*, no hubiera matado a Patroclo, no habría sido enemigo de Aquiles, sino tan solo su rival: su igual en el campo contrario. Pero Héctor mató al amigo amado de Aquiles. No solo decimos que mató a Patroclo, sino que *le mató* a Patroclo a Aquiles. La enemistad viene de un daño recibido y percibido. Siempre viene de un hecho cumplido —de una muerte y de un cadáver del que se ha dispuesto, al que se le han celebrado funerales— y, por tanto, es vengativa.

Al considerar a Aquiles, a Patroclo y a Héctor, una quiere decir que la enemistad es triangular. El enemigo es quien quita a un amigo, que puede ser un tercero o puede ser el enemigo mismo. El enemigo es aquel que me dejó sin mi amigo, o que se me quitó como amigo, como igual.

Aquiles mata a Héctor —pues este ha matado a Patroclo— y se pone a arrastrar su cadáver. Ya no hay Héctor sino un cuerpo muerto, y ese escamotearse el enemigo es un nuevo motivo de rabia, un nuevo agravio enemistante. Al arrastrar el cadáver del otro, Aquiles no está rematándolo; de alguna manera, quiere revivirlo, actualizarlo: lo mueve. Quiere que se mueva. Lo pone a dar vueltas, como la vida. Aquiles no quiere que Héctor se le oculte después de que lo ha dejado a él sin la imagen amada. Por eso no puede entregarlo para que su cuerpo se haga invisible.

El enemigo es quien no deja querer ni dejar de querer.

Luego llega Príamo, el padre de Héctor, a pedirle a Aquiles que le entregue el cadáver de su hijo. Hace que el héroe recuerde a su propio padre y lo vea a él, padre de su víctima, como su padre. No hace que Aquiles se compadezca por el sufrimiento del otro, sino que hace que entienda que él mismo es Héctor. Que él es el enemigo; que un hombre es su propio enemigo.

El enemigo te muestra (en su cadáver, que es la materialización de tu enemistad) que eres una persona, como todas las personas. El amigo, en cambio, siempre te ha dicho que eres único, distinto de los demás. El enemigo te enseña que eres mortal. El amigo te engaña.

Aquiles entrega el cadáver y se celebran los funerales de Héctor, domador de caballos. Se interrumpe la guerra. Se interrumpe el tiempo. Terminan la épica y la cólera.

3.

El final de una historia —o de una obra dramática— puede ser el momento de la amistad: la conjunción, la reconciliación, la anudación, la paz.

Ese momento es el entierro del enemigo: la compleción.

El resto de la historia —o del drama—, lo que está antes del final, es el desarrollo de la enemistad.

El discurso de la amistad es elegíaco: hablamos del amigo muerto, de nosotros en la muerte del amigo, de nuestra compañía perdida. El discurso de la enemistad es dramático: hablamos de nuestra vida diciéndola con y contra la vida del otro; como en presencia del otro.

La contienda es aquello de lo que se puede dar testimonio.

El discurso de la enemistad —la forma como la enemistad se dice— parece ser más dialógico que el de la amistad. El discurso de la enemistad —de los contrarios, de los que no se desean mutuamente el bien— parece la puesta en escena y la construcción posible de la amistad.

Escribir del enemigo —pensar en él, ser activamente su enemigo— es hacer amistad con él. Pues la obra es amistad. Una pura enemistad que no se ocupara de sí misma, que no se expresara, sería, en cambio, un descanso.

«Practicar la enemistad es hacer la amistad» se diría en un sentido análogo a «copular es hacer el amor».

Sancho y don Quijote son los grandes amigos de la literatura: los que caminan lado a lado. Su historia es una conversación en la que ellos dos interpretan tanto los personajes de compañeros como los de contrarios. No son amigos como hermanos idealmente afines, sino que son intercambiablemente amo y sirviente, y maestro y reacio discípulo. Si fueran solamente amigos, y no también enemigos —si anduvieran siempre hombro con hombro en la misma dirección, y no se encontraran también detenidos y enfrentados, peleándose por el espacio—, no se haría literatura entre los dos, o al menos no una literatura que diera cuenta de cuando están juntos a solas.

¿La enemistad es más imaginaria que la amistad?

¿Es, por tanto, más íntima?

No se me olvida que tengo enemigos, pero se me olvida quiénes son. Cuando estoy distraída, creo que mi mente toma a mis enemigos por amigos.

Uno hace amigos hablando de sus enemigos. Así cambia a sus enemigos por amigos.

Para vivir la enemistad nos caracterizamos y caracterizamos a los otros; para vivir la amistad, no. Por eso es fácil hablar de un enemigo y difícil hablar de un amigo, y, cuando empezamos a hablar de un amigo, a veces sentimos que tenemos que hacerlo a la enemiga.

El enemigo es un personaje, no una persona. Es un rasgo y un destino; es uno de los personajes que puede convivir con otros dentro de un mismo individuo. Al determinar a nuestros enemigos, desarrollamos en nuestra emoción un proceso jurídico. Y una fábula.

4.

El león es enemigo de la liebre, pues la acecha, la caza y la devora. El león es el fin de la liebre, o la liebre va a terminar en el león. El cuerpo de él es la tumba de ella. La persecución es ya el funeral.

La liebre, en cambio, no es enemiga del león, pues no puede matarlo ni comérselo. O la liebre sí es enemiga del león, pues tiene algo que él quiere; pues siempre está empeñándose en no darle lo que él necesita para sobrevivir.

Ya la liebre está dentro del león: destrozada y dormida. Acontecida. Es parte del león. ¿En esa incorporación hay amistad?

En las historias de caníbales, el lugar de sepultura del enemigo es su enemigo, que se lo come para adquirir su fuerza o su virtud, para hacerlo suyo. (La digestión es la hoguera funeraria).

Con la eucaristía se entierra y arde el cuerpo del amigo en el amigo. Y revive.

En las *Mil y una noches*, para salvar la vida de un hombre a quien un efrit va a matar por una deuda de sangre (pues el hombre ha matado inadvertidamente al hijo del efrit), tres jeques cuentan sus historias respectivas. Por cada historia que lo satisfaga, el efrit concederá un tercio de la sangre del hombre condenado. Así, si las tres historias le gustan, lo liberará. El enemigo es, pues, reemplazable por las historias de tres desconocidos. Creo que, al contar las historias, los desconocidos se vuelven amigos del efrit —no solo de su víctima— y hacen que olvide la enemistad en virtud de la amistad multiplicada.

Tal vez el enemigo de la liebre no es el león, que lo puede devorar, sino el topo, tan parecido a ella, confundible con ella, más lento que ella.

Y, si hablamos de los animales como animales y no como tropos, también está el problema de si el hombre considera como sus enemigos a todos los otros animales

—menos quizás al perro, tan insistentemente amigo, o incluso a él, pues es sospechosa la insistencia—.

5.

Tengo muchos amigos y un solo amigo. Me conoce hace veintinueve años. Me conoce bien. Es indiferente a mí. Es como el Ojo de Dios. El amigo siempre es único. No hay más que ese.

Tengo muchos enemigos. Saben poco de mí, pero me inventan mucho. O sea que también me conocen mucho, en otros sentidos. Me miran todo el tiempo, con otro ojo de Dios, que es contrario al ojo de Dios y se llama «punto de vista». Me miran versionándome, no como en mi funeral, sino como si yo llevara años enterrada.

Mis enemigos son como ese diablo que no tiene hambre sino permanentes ganas de comer —tanto leones como liebres—, que es legión y siempre miente.

El enemigo te miente, aunque también eso es mentira, pues termina diciéndote con su mentira una verdad sobre quién eres: el hombre, la mujer, una mortal, cualquiera.

A veces tengo este temor y esta fantasía: todo el mundo es mi enemigo. Mis enemigos son tantos que llegan a ser todo el mundo. Escriben una carta contra mí; una petición de que se me saque del mundo, una sentencia.

¿A qué se me condena? ¿Se decide que no existo, o que soy otra? Eso: se decide que en adelante me llame de otro modo —Leona, Liebre, Topo—, como si en vida estuviera sepultada y sin lápida.

6.

Al enemigo público —al enemigo de la cultura— se le deja insepulto —no se lo cultiva— para no recordarlo, para no olvidarlo; para que sean los animales carroñeros y no los hombres quienes lo incorporen. Es el caso de Polinices, asesino de su hermano y asesinado por este, y traidor a Tebas, sobre quien Antígona, la hermana, espolvorea arena en desobediencia a los decretos del gobernante, que ha prohibido que se lo entierre. El terreno queda como si un animal —león, topo, ave, liebre o perro— hubiera rasguñado la tierra. Es una suciedad de limpieza. Es apenas un rasgo, una escritura tenue, el trabajo del coraje, débil y arduo, de una mujer.

En la fantasía, una puede llegar a ser la enemiga pública. La no amistada por nadie. La insepulta. Y entonces una dice que todo esto que escribe es la liturgia de su funeral, por si le niegan uno; la carta preparada para el momento de la proscripción. La traición de la traición de la traición.

Esta enemiga se da su escritura, su entierro, su amistad, su Antígona.

Galaxias

Esto es sobre una persona que sufre grandemente. Su sufrimiento es un tamaño. No sufre siempre, sino en días señalados y separados entre sí por varios días. Lo hace rotundamente, aunque la redondez no represente ese sufrimiento erizado de picos y de puntas. Y palos sobre palos. O la redondez sí es apropiada, si es por vía la figura de un planeta. Pues esa pena es un planeta sin sol y solo. Tan moliente es, y tan inmotivada, que puede decirse que la pena es algo que la persona hace, más que algo que padece. Ella no está así porque le haya sucedido una desdicha —porque desapareció quien la quería, o se quedó sin sus tareas, o por la pérdida del conocimiento de qué sabores le gustaban más que otros—. Padece más que eso y sin objeto, y casi con el deseo de un objeto por el que padecer, o con el deseo de su ausencia señalable. En su pena, la persona está vivísima. Da vueltas sobre sí: como un motor, como un planeta. Está vaciada de imaginación; colmada de pasión sin imaginación, hasta el borde y sin poder acabar de rebalsarse. Su sufrimiento es imposibilidad de verse en otro instante. Llega con el día y es el derrumbe de la aceptación. Ella se revoluciona. Y como no tiene fuente, el sufrimiento sufre también su propia vergüenza de no deberse a nada. Rabia y vergüenza, pues, mordientes y centrífugas.

La persona siente, en sus días de penar, que algo se le oculta. Sufre el eclipse de su realidad y su destino. Siente que su realidad y su destino verdaderos y en lo oscuro son lo opuesto de cuanto ella, en los demás días, ha querido creer que son. Sufrir así es que la vida se te esconda.

En uno de sus días de pena, la persona intenta hacer algo más que penar. No puede imaginar una casa, una compañía, una orilla a donde transportar su corazón. Resuelve, entonces, pensar en dinero, mucho dinero. En cantidades de dinero que no podría decir. En números que no sabe leer. En medidas de algo que no haya que imaginar, que no pueda imaginarse, pero en lo que ella pueda fijar la atención; solamente una suma, sin imagen.

Ha empezado a pensar en todo ese dinero, cuando se detiene a preguntarse por qué ha elegido ese recurso; si acaso el dinero es tranquilo y más presente o más ausente que todo lo demás; si el dinero aliviará su sufrimiento por tener el oro el color del Sol o porque suena como una campana. Sabe que lo que quiere no es un contraste entre su sufrimiento y un remedio, sino ser capaz de ver la contigüidad entre su sufrimiento y todo el sufrimiento. Se pregunta si la multiplicación del dinero aspira a la plenitud, y si esa plenitud es el contrario de su falta; si será que su dolor indeterminado es la miseria. Pero sabe que su pesadumbre no se siente como poco, sino como llenura confusa. Como un tamaño, nuevamente. Y, nuevamente, no es compensación lo que ella busca. No quiere restar ni contrarrestar, sino sumar más y más. Busca concebir todo el dinero del mundo, porque el dinero unido y solo, y que no se convierte en otra cosa, es un aire que se asemeja a la pena que ella vive, que ella hace.

No espera que el dinero pensado la detenga en el sufrimiento, ni que la interrumpa. No va a esperar. Propone entretenerse pensando que todo el dinero que cabe en el mundo, es decir, que no cabe —esa inmaterialidad material, ese espíritu que resiste y no es el alma—, es la representación de su vida y su destino, sustraídos y patentes. Se propone la ilusión de imaginar su pena en la figura de todo el dinero posible, al tiempo que no puede imaginarse nada. Se propone hacer dinero en la mente, no para deshacer la pena, sino para pasar dentro de la riqueza vacía, como dentro de un vehículo, por el tiempo que el sufrimiento ha creado, en el que el sufrimiento está sumido y se consume para deshacer el tiempo.

Se detiene en medio del desvío de preguntarse con qué objeto va a pensar lo que ha resuelto pensar, y se devuelve; toma el camino de regreso hacia el nacimiento del propósito de pensar en el dinero.

Hace poco leyó, en una carta dirigida a ella, la frase: «Mi padre es muy rico». O quizás fue: «Mi papá tiene mucha plata». Recuerda que la frase la incomodó. Nunca ha visto a quien la escribió (fue una lectora joven que le envió una carta en la que se le presentaba y le contaba de una culpa que no se detenía y que se escurría por los resquicios de un montón de leña). Puede preguntarse si la frase constituye un desafío o una confidencia. Puede preguntarse qué lleva a alguien a hacer tal declaración. Puede formular todas las preguntas que puede, pero no puede siquiera intentar responder una, pues para hacerlo tendría que pensar en quien escribió la frase, y considerar a otro es algo que le está vedado en días de sufrimiento. Se repite, entonces, la frase una y otra vez, tratando de distinguir sus partes y cambiando unas por otras. Así pasa un rato, en descentrada oración.

Regresa al lugar inicial: a la propuesta de pensar en mucho, mucho, mucho dinero, para pasar por donde está y pasar a otro lado en el carro del vértigo del número. Recuerda que cuando vivía en un país del norte tenía más miedo de morirse que viviendo en el sur. Temía estar gastándose. No emprende la reminiscencia de ese sentimiento, pues no es capaz de ponerse en otro tiempo. Tiene el recuerdo, pero no el camino del recuerdo. No puede reproducir la sensación, sino solo recordar que la advirtió y creyó darse cuenta, en ese tiempo, de que, si sus prójimos tenían miedo de la muerte, eso se debía a que usaban tarjetas de crédito y se comprometían a tener futuro para pagar, y sobrevivir es lo que nadie puede prometer. Sus vecinos se endeudaban, y con ello se incumplían. El precio de prometer sin poder, sin creer poder, era el miedo. Ahora, en cambio, en este día sufriente, ella siente que no tiene prójimo. Tampoco tiene promesa. No hay nadie que tema morir. Lo siente como si lo supiera.

Ha pasado un minuto pensando en el prójimo que no está, cuando el pensamiento de dinero se convierte en uno de fuegos artificiales. Es el último día del año y hay explosiones en el aire. Ella piensa en todo el dinero del mundo, en el dinero que es como los destellos de la pólvora. No ve la pólvora; solo oye el estallido, y decide que el número de chispas de la celebración, el número de fuegos fugaces que se le ocultan, es equivalente al número de dineros en existencia. Cada chispa equivale a cada dinero. O, mejor, el dinero se cuenta en chispas.

1000000000000000000000000000000000000000000 0000000000000000000000000000000000000000000 0000000000000000000000000000000000000000000 0000000000000000000000000000000000000000000 0000000000000000000000000000000000000000000 00000000000000000000 chispas es el dinero que cabría en el mundo. Un número redondo, como un planeta, que ella no sabría leer: no sabe leer la luz ni sabe leer la riqueza del mundo, la gran riqueza del padre ajeno, del padre de su lectora. Si quisiera ensayar, tendría que leerlo así: uno cero cero cero cero cero cero cero cero cero… chispa por chispa, ninguna chispa por ninguna; una ristra de círculos que cancelan insistentemente la primera chispa, la única.

En eso se consume otro minuto. La persona se co-
necta a la Internet y entra en la página del banco donde
tiene una cuenta de ahorros. Se contacta con su cuenta
y mira la lista de sus movimientos bancarios: los retiros
por cajero electrónico, la consignación de su salario, las
deducciones impositivas, las transferencias de intereses.
Lee el saldo, que ha aumentado y decrecido como una
Luna, y advierte que puede leer la columna de cifras sin
repetirse en la cabeza los nombres de las cifras, como
siguiendo una columna de humo. Se dice mentalmente
que tiene un padre rico, pero no lo imagina. ¿Lo supone,
lo cree, lo miente sin imaginarlo? Declara: «Mi padre
verdadero posee una gran fortuna». Y sigue mirando las
cifras, que la calman de no ser capaz de ponerse en otra
parte y de no poder ver nada que no tenga delante, ni
siquiera a su nuevo padre. A través de las cantidades,
como a través de cables y ondas, habla con él. Es como
si hablara con él. (Decir «como si» no equivale a imaginar. Hacer de cuenta no es lo mismo que concebir una
relación). No sabe de qué conversa con el padre; solo
hay cuentas, dinero por aquí, dinero por allá, que si existe no se ve, y si no existe, tampoco, pues está en el banco
y es por siempre la forma cambiante de la cifra.

Se le ocurre definir más su nueva filiación (que no es
imagen y no está en la imaginación) y determina (no
imagina: dice) que, con ese dinero suyo, su padre, que
quizás es también cliente del banco, o es dueño del banco, ha hecho unas inversiones y se ha hecho más rico.

Después el padre ha muerto, dejándole a ella toda su fortuna. Ella, que no ha sido rica y que tampoco ha sido lo contrario, sabe ahora (no lo ha imaginado; lo ha encontrado) cuál es la mejor manera de ponerse en otro lugar (donde no la ahogue el sufrimiento): recibir una herencia de alguien a quien no se ha conocido; recibir todo lo ajeno, multiplicado. Lo propio.

Entonces suspira, aspira largamente, hace que en sus pulmones entre un poco más de aire que en una aspiración normal. Deja atrás el ensueño o el cálculo del padre y retira los ojos de la información bancaria y de la pantalla del computador. La pena no ha pasado. No ha acabado de pasar un minuto desde que ella empezó a pensar en dinero. El tiempo, como siempre, ha ganado. O el tiempo, como siempre, se ha perdido. O no ha sido un combate entre tiempo y dinero, sino una operación financiera nula lo que ella ha hecho con su día de sufrimiento.

Es la noche del año nuevo, del año viejo. No celebrará con gente, pues sentiría solamente ganas de llorar al ver que las personas se desean, unas a otras, prosperidad: buenas cosechas, más dinero. Y ella ya conoció todo el dinero. Y cada año que pasa siente ganas de llorar al despedirse, aunque la última fecha no caiga en uno de sus días de sufrimiento.

Piensa en el tiempo que va quedando atrás, que se retrasa. Se le ocurren, entonces, las galaxias. No las recuerda exactamente. Se pone a ver galaxias, con los ojos cerrados, y aunque con eso tampoco pasa el sufrimiento, siente —como al sentir el dinero y al sentir al padre— que ha encontrado algo para hacer sentada y hacer que pase el tiempo mientras está en el planeta sin sol donde su pena no puede detenerse.

Las galaxias están en el primer lugar, remotamente. Es necesario que las haga ella, pues no sabe cómo son. Junto al brillo, un extinto destello; no la redondez del planeta de la pena, sino las curvas de los caminos: una espiral, una elipse, rueda, concha. En el deslumbre, la púrpura fulgurante. Aquí, la fidelidad de la sombra que sale a la luz, el iris nebuloso y colorido y, en el centro del centro, el agujero negro, la pupila de cada ojo, de la que nada puede escapar, de la que todo se puede esperar.

El Sol

Todo lo que vive quiere ver el sol siguiente. Todo quiere no solo no morir, sino seguir naciendo. Una vez más, otra vez, salir al día, y que la siguiente sea la misma vez y nueva. Probar el límite, no llegando sino volviendo a empezar.

Eso me parece que pasa. Eso me nubla, pues no quiero primero la muerte, pero no tengo el callado entusiasmo de la vaca, o de lo que puedo imaginarle: su aliento. Su confianza en que estará viva en la mañana. Su querer la confianza. Su impulso central de arriba abajo: el Sol, que recorre su arco para ella; que sale de bajo la panza de la vaca —que es un puente— y va subiendo, y se pone encima de la vaca, sobre su lomo recto (esa línea que la limita por encima, esa derechura casi prodigiosa, casi humorística, que hace pensar bien en la cabeza y en la cola al conectarlas limpiamente, un horizonte íntimo, recto como la línea de una mesa y plano como sentimos que es la Tierra, derecho como una unidad de longitud, una cinta para medir los territorios del mundo y dividirlos), y sus rayos la calientan y, más tarde, a cierta edad del día, se le pone a la vaca entre los cuernos y en la frente hermosa como la de las personas que tienen frente de vaca, y después ante los ojos, y va alejándose y bajando, y al final vuelve a la panza y le pasa por debajo y le señala con la oscuridad la ubre, y otra vez le sale de atrás de la cola al amanecer siguiente, en la claridad futura; en la claridad, que es la esperanza.

Los animales son callados como los libros.

Estoy imaginando que la vaca siempre mira hacia el poniente porque, en mi mente o mi ilusión, todo lo hace: todo mira a donde muere. Todo va hacia donde va, como el hombre que camina, que viajó de este a oeste durante tantos siglos, conquistando. Seguramente me equivoco, y la vaca —no cada una ni todas, sino la que quiero concebir— mira hacia el oriente, y alguien que me lee de cara al norte recorre esta línea y su vida de occidente a oriente, como la Tierra y el reloj.

La atención del Sol a la vaca a mí me falta, aunque también me llegue. Aunque yo ahora crea que ahora no quiero morir ahora, el valor solar se me escatima casi todo el tiempo. Puedo, entonces, para recomponerme y poder cantarme, tener la atención puesta en la vaca y no en el Sol: hacer como el Sol y tener presente el valor de la vaca, que ella recibe de él, y desde allí procurar entender cómo la llama me atiende a mí también. Cómo me tiene en cuenta la grandiosa estrella. Si yo me dispusiera a su amor fenomenal, ¿de qué sería capaz?

Debo encontrar la manera de saludar al Sol desde mi puesto. Tengo que encontrar un día bajo el definitivo oro. Por ahora, me hiere la mañana.

En mi casa, esta tarde, un pequeño problema real: sobre el escritorio, en un papel rosado de los que uso para recordar las deudas cotidianas (llamar a la compañía eléctrica, comprar pastillas de vitamina D), en un papel muy rosado, había una cifra escrita en una letra distinta de la mía. Los trazos extraños habían dibujado diecisiete dígitos, de modo que no era un número telefónico. ¿Sería una cantidad —millones— de kilómetros? ¿Quién lo habrá escrito, si no vivo con nadie? ¿De qué otra casa me lo traje, en qué bolsillo? ¿Señalaba mi distancia del Sol en siglos o años? ¿Señalaba mi distancia con respecto a la casa de la que, sin saberlo, me lo traje? ¿Fue en sueños como estuve en esa casa donde se escribe con otra letra?

En la cifra había un 8 no hecho con una «S» que luego se cruza con otra «S» en sentido contrario, y al final se reúnen las dos serpientes, sino con dos círculos pegados, trazados por aparte, uno arriba y otro abajo.

Tiré a la basura el papel en el que estaba consignada aquella cantidad que podía ser la de vidas que me quedan, o que, traducida a palabras, enunciaba el principio bajo el cual debo vivir. Contenía un 6, que me parece el número que significa el día, y un 4.

Quedó en la basura. No desapareció.

Aquí sigue el problema ficticio: el que yo tengo con el Sol, con el día, con volver a nacer para él cada mañana.

No creo que antes de que se difundiera la teoría heliocéntrica yo hubiera podido ensombrecerme tanto.

Él asciende y baja, y me ve dar vueltas inexactas y retroceder temiendo el día de mi muerte, que es lo que nadie ha visto nunca. Me sorprende seguir viva estando tan desacompasada de la fuente de calor. ¿Qué es esto que vive en mí y quiere ser solo oscuramente, apegado al frío? ¿Es una cueva? ¿Soy una cueva? ¿Y qué es lo que en mí sí vive con el Sol, sin que yo quiera conocerlo?

Estar viva da frío. Vivir es calentarse. Moverse es calentarse. El tiempo es calentarse.

Mi digestión, mis ojos: esos son mis espíritus que tienden hacia el Sol o que en él viven. Si no, no vivirían. Pero en mí no los encuentro.

¿La voz es solar, o su viento tiene poco de fuego?

Cuando la tarde empieza a vencerse, puedo contar con el alivio.

Arriba, hacia el oriente, hay una persistencia verde clara, casi marina, que ya ha recogido a la Luna, mientras del otro lado el Sol se guarda tras los montes y entreabre su tesoro para lanzar el último esplendor, que al estar tan lejos puede mirarse fijamente. Puede perseguirse. Uno se atreve. La luz, al esconderse y alejarse, hace que yo pueda. El dorado último del día se muestra como si fuera solo para uno. Como si no se mostrara, sino que se dejara ver. En la función del crepúsculo, me animo.

En la despedida del brillo. Hasta me satisfago, en el inalcanzable brillo.

La forma como se ilumina el último parche de la tarde, al frente, fulgor de la vejez, es el lugar donde pongo la fuerza. Luego, en la noche, avanzo y hago y soy. Y después de que he estado dormida y me he ido a otro lado, viene el golpe nuevamente.

Es terrible nacer. Morir no podrá ser peor, a menos que sea también nacer. Yo tendría que invertir mi vida en aprender a nacer bien, y entonces, cuando haya aprendido, sí volver a morir.

¿Qué en mí rehúsa ese aprendizaje? ¿Qué tan profundo es este hueco? ¿Qué hay en este hueco del que no quiero volver?

Me dicen que mire el crecimiento de las plantas «para que te reconcilies con lo diurno». Afirmo y sé que toda mi paz conduce a la vegetación; que cuanto tengo que hacer es atender y repetirme que en los ojos que cuidan el verdor se encuentra el Sol: en el reflejo del velo verde sobre el iris. Para reconciliarme con la estrella diurna, con la mirada plena y prepotente, puedo conocer el verde en lugar de la blancura que entra por la ventana y me remuerde.

Y afuera, al sol, deberé reconocer el arte: el impulso de aparición, que viene primero que el impulso de muerte y el de amor.

Del otro lado de la vaca tranquila reposan las cosas que no están vivas: las que circundan los párpados y todo el día están cayendo entre las manos: el cincel, la pala, la masa, la pluma y el florero; lo que no es vaca sino mesa, con el mismo lomo recto. ¿El techo también tiene interés en nacer cada mañana, en que el Sol lo mire y haga que él exista en otro día igual al anterior, con esa confianza admirable de la vaca? ¿O para él existe lo que yo querría, que es seguir viviendo sin tener que volver a nacer, desentendida del Sol? Pienso en las cosas que no están actuando, pero que se encuentran en la vida. Quisiera la paz del instrumento, la inspiración retenida del adorno. La paciencia, que no es esperar, sino no deshacer.

¿Existen los adornos, o toda cosa que no muere es instrumento?

Me allegaré al poder de los materiales —la pluma, el cartón—; no del poder, sino de ese no poder con que se acaba impersonalmente pudiendo.

Al tiempo que me digo lo anterior, formulándome el sosiego, me dejo a la obsesión. Entonces, me recito: «Todas las cosas vivas queremos ver el día siguiente. Querer otra cosa no es querer».

La mesa no quiere ni no quiere. No ve el día, aunque él la vea. ¿Gira alrededor del Sol, o el Sol gira alrededor de ella?

No va a poderse que yo siga si me resisto a descargar el Sol del cielo, de entre todas las cosas que suceden, y a mirarlo, y si rehúyo el acuerdo con el día, que es la escena única y el medio. Debo mirar el cielo atentamente: pasar un día entero bocarriba, con los ojos en la altura desfondada donde transcurre la claridad por su cauce ancho. Ver las nubes y los huecos, gris y azul. Aceptar que no puedo mirar el amarillo y, sin esperar el alivio del escudo metálico final, del ocaso y de su sangre, entender que el día pasa en el cielo; que ahí está y tiene que ver conmigo, y no hay nada que hacer para afectarlo. Hablar de la transparencia como lo único que existe, sin anhelar la sombra del color. Cegarme. Pues ver es poder decir que el día es lo transparente.

Es fácil decidir que el Sol es el padre y rechazarlo; decir que uno prefiere no nacer porque no quiere ver al padre ni quedar mirado —sorprendido, desarmado— por su descubridor. Que uno quiere seguir en la casa donde nadie —ni la madre— puede verlo. Pero es difícil decirse que Dios es el día y que uno está en él de todas formas. Es difícil reconocer que vivir en el día requiere un asentimiento que basta, intercambiable por uno mismo; que requiere que uno ponga el «sí» en el lugar de la cabeza propia y de toda otra palabra, y aceptar que nacer es someterse también al «no» del otro afuera, o del otro en uno mismo.

Jesús dijo: «Si uno anda en el día no tropieza, pues ve la luz del mundo. Pero si uno anda de noche, tropieza, porque no está la luz en él».

Tropiezo. Me ofusco con las cosas que pesan y no existen: con cuanto no me penetra, con las personas que no soy, con los poderes.

Lo que llaman «la luz interior» no es otra cosa que el rayo de luz de los propios ojos cuando miran hacia adentro. Quien no se mira por dentro no tiene ni emite luz. Es un hueco en el que cae ella misma. No tiene la tiniebla de una cueva que pueda explorarse; es el solo abismo.

Yo tropiezo.

Ruego, por si acaso es el último recurso, que los días sean más largos: de dos o tres días, al menos, no para alcanzar a hacer más, sino para saber qué era lo que quería, pues se olvida con la noche. Qué acción más nocturna esta de rogar «al menos» lo imposible.

Las historias se cuentan bajo la Luna y proceden de contemplar el trayecto del Sol.

El día es el crecimiento, pero yo he visto, lo juro, esta extrañeza: plantas que decrecen. Son dos y están en mi jardín: un caucho y una palma. Cada vez son más pequeñas. Tengo testigos. Cada hoja del caucho, que da flores como de cera, es de un cuarto del tamaño que tenía hace cuatro años. Todas se han encogido, conservando su forma, y el árbol entero ha mermado en altura y fronda. La palma tiene tantas ramas como tenía cuando la traje, pero diminutas y pegadas al cogollo. Es muchas veces más baja que lo que podría ser a su edad, y más o menos de un tercio de la envergadura que tenía cuando la planté, hace dos años, pero sigue viva. Mi hermano me dijo que eso no era ningún augurio ni un portento. Que las plantas pueden encogerse si están en un medio hostil, para ahorrar energía y gastarse menos. Mi palma y mi caucho, sin embargo, están al sol y en la lluvia, y he visto a otros individuos de su especie prosperar en la misma altura de la cordillera. Mi caucho pequeño y mi palma pequeña se acurrucan y se cobijan sobre sí, como si la tierra luminosa fuera fría; como si vivieran alejados de la parte donde están. Como si vivieran en mí. De resto, en mi jardín de la montaña todo crece.

Me rompo la cabeza tratando de entender la articulación entre la evidencia de que todo crece y la evidencia de que todo empeora. El Sol guarda la respuesta y constantemente responde, pero yo me rompo la cabeza, como si la cabeza, y no el Sol, fuera el sol que se abre. Ayúdame a abrirme la cabeza y que salga de ella otro mundo con su otra estrella, con otro sol como el Sol, y no este mundo que soy, que se niega a iluminarse.

Mientras me ilustro en la felicidad solar y encuentro el ojo con que pueda verse, reconozco, en esta sombra, disonancias que me son amables: hay lugares del mundo donde el mar se oye en la montaña. Las islas suenan. Dios le quitó la amargura al agua en el desierto para que

Israel se quitara la sed, y esto otro, que parece una alta gratitud: a toda el agua que no es del mar amargo le llamamos «agua dulce». Y está también la existencia del cuello de las camisas, esos triángulos, esas puntas de estrella, ahí inútiles durante generaciones, sirviendo solo para que la camisa ocupe su propio nombre.

Y también es feliz que el antónimo de «señal» sea «algodón».

El de «romero» es «ola». El de «camino», «trueno».

Hay una historia de enseñanza sobre una vaca que vive sola, en una isla exuberante de verdor. Durante el día come pasto y engorda, y de noche se angustia al no ver el verde, pensando que al día siguiente no habrá más alimento. Entonces, enflaquece. El Sol vuelve a salir, y ella vuelve a comer y a engordar, y luego a preocuparse otra vez, a lamentarse y a estragarse, aunque el pasto nunca disminuye. Es de Rumi este cuento de rumiar.

Isis lleva en su tocado los cuernos de una vaca y, entre ellos, el disco solar. Recompuso a su esposo y lo hizo resucitar. Ayuda a los muertos a pasar a la otra vida.

Hubo un tiempo en que, mientras yo estaba pensando en cualquier cosa, también estaba pensando en un hombre que vivía en otro país, donde el Sol sale primero. No pensaba intensamente, sino pasmadamente. Pensar así es que el pensamiento te devore. Vivir esperando un llamado no es vivir bajo el Sol, sino bajo la Luna, que llama las aguas y que, con su crecer y decrecer, dice que escucha los llamados de la sangre. Es poner la Luna como foco del tiempo. Los lobos aúllan a la luna llena y los grillos le chillan. Nadie, en cambio, clama al Sol, que apaga los gritos.

Aquella ansia, ese amor constante en todo pensamiento, duró un año: hasta cuando volví a estar otra vez en el mismo lugar con respecto al Sol.

Pasé un año de espaldas a la mañana que reparte y tiñe.

En el tiempo de la adicción, el día empieza mil veces en un día. La luz es un rescoldo. El presente se persigue y se caza torpemente. Nada pasa. La Tierra no acaba de dar la vuelta sobre ella misma, de fabricar el día, y sin embargo sabe darle la vuelta a su estrella, y pasa un año sin que uno haya despertado: sin que entre en el mandato diurno de la contención y la distancia.

Yo no pesaba nada, en esa época. Era solo esos pensamientos reiterados, colmados de un deseo de náusea. Era él lo que pesaba. En su órbita, yo sucedía. Él no sospechaba que en todos los rincones del mundo —en los bares, los desiertos, los teatros, los pinares, las hojas de los sauces— se quería que yo me distrajera; que me concentrara enteramente en adorarlo; que fuera quien cargara el peso de su peso: la atracción. Mucho peor era no hacerlo. Hubo que someterse: gravitar y tratar de liberarse del contacto de su luz. Él era el Sol, que no conoce la ley que manda que se gire en torno a él. Yo sí la conocía.

La próxima vez que algo así quiera suceder, ruego que Isis disuelva el pensamiento que es fantasma detrás del pensamiento, mancha del pensamiento. Que haga que el pasto que pasa por los cuatro estómagos de la vaca, y se mastica, se traga y se repite, se evapore a pleno sol.

Mirar el Sol fijamente hasta que se quemen los ojos, y en la ceguera aprender que el deslumbramiento es lo mismo que la desilusión. «Sol» y «suelo» son una palabra. Te deslumbras, y no pasa nada. Te quedas ciego, y no pasa nada. Te duele, y no pasa nada.

Allá está el Sol. Aquí estoy yo, acostada en mi cama, bajo las cobijas, que están bajo el techo de mi apartamento, que está bajo el techo del edificio, que está bajo una nube, que está bajo el cielo, que está bajo la luz. Estoy enterrada en el aire, puro deseo del tiempo de tocar las cosas. De tocar a alguien. De tocar las cosas de alguien.

«Danos hoy nuestro pan de cada día» es «Védame la esperanza y permíteme confiar».

¿Cómo se vive el día? ¿Se le da la vuelta, o vivir el día es andar por un camino recto?

El paso del tiempo es el paso de la luz y la recurrencia de la luz. Es el paso del tiempo otra vez.

La noche no está en el tiempo. Está en la lejana protección.

Rehúso el día porque sospecho del poder de la verdad que se habla, de la construcción y la justificación: de la mentira. Porque conozco el deseo destructivo de la verdad dicha: de la mentira; de la luz sobre las cosas. Porque sospecho que, en realidad, nada se ve y nada debe verse.

De la descosedura de la noche a la costura del día, en que el relumbre no deja ver las puntadas, se da el salto, que no es el tiempo, sino el salto. La alborada es repente, por suave que parezca. Es violencia. Es violación. Lo primero que hay es el silbido de un pájaro terrible.

Tengo que agarrarme o caer en una isla donde no pueda perderme. Fijarme en una sola cosa: en el anillo, en el botón.

Las puntadas que no se le ven al día y que no están en la noche son los pasos del hombre: su medida y su medicación. ¿También son los pasos y los aletazos de los otros animales?

No. Los animales van —andan, vuelan, nadan— sin medir. No están en el día ni en la noche. Indiferencian el día y la noche. Quiero vivir en ellos, como ellos, y salvarme.

Ser animal es tener hambre. Ser humano es desear que otros admiren tu hambre.

¿La vida de los animales, su movimiento, es noche para el humano?

La noche es espesa. Medir es ir abriendo, y la noche se cierra en su propia desmesura. Por la noche no se anda; se escapa.

Una pantera está detrás del día.

El día es su mordida.

Cuando volvíamos de Troya, por el mar, de vuelta de la guerra, paramos en la isla del Sol. Los hombres que venían conmigo insistieron, aunque yo sabía que debíamos evitar aquella tierra que era la alegría del mundo y sería nuestro desastre. Ellos se quejaban de cansancio y me echaban en cara que yo estuviera hecho de hierro; que fuera más fuerte y mejor. La isla era verde, y mis hombres sentían que era suyo cualquier lugar donde arribaran. Accedí a que pisáramos la playa, pero les hice jurar que no matarían a las vacas del Sol, que nos estaban vedadas. Las vacas tenían largos cuernos y la frente luminosa, y su número no variaba, pues ni morían ni nacían otras nuevas. El Sol todo lo veía y todo lo oía. En la primera noche en tierra, los hombres cenaron con el corazón roto y, cuando estuvieron saciados, lloraron y durmieron. Al día siguiente se desencadenó un viento solitario que bramaba. Nos guardamos en los barcos. Pasó un mes de viento sin que pudiéramos zarpar. Se acabó el pan. Los hombres, hambrientos, echaban el anzuelo y atrapaban peces y aves. El hambre se los comía. Yo me interné en la isla, me amparé del viento, me lavé las manos, oré y me entregué al sueño. Mientras tanto, ellos hallaron, en su engaño de sí mismos, que era mejor ser castigados por los dioses con una muerte en el mar que morir de ganas. Se entusiasmaron con su resolución. Mataron a las vacas bellas, de frente amplia y curvas en los cuernos. Como no había cebada, quemaron, para el rito, las hojas de un roble alto. Y en vez de vino, usaron agua para la libación: después de destruir el hato sagrado, hacían como si cada cosa fuera reemplazable por cualquiera. En el asador, en el sol domesticado de la hoguera, el cuero se arrastraba y la carne aún mugía, y se oía un largo quejido de bueyes. Los hombres devoraron los muslos y las entrañas, trocearon el músculo y clavaron los pedazos en astillas. Probaron cada órgano. Calcinaron los huesos. A mí se me fue de los ojos el sueño y a la nariz me llegó el humo del sabor. Gemí. La pastora del ganado de la isla fue a denunciar lo sucedido —«Sucedió la alevosía de la tripulación de Ulises»—, y el Sol les pidió a todos los dioses que castigaran a mis hombres, pues habían matado a las vacas y, en ellas, la alegría que él encontraba cada día en subir al cielo y en bajar a la tierra nuevamente. Amenazó con que, si no recibía una compensación de sangre por el atrevimiento de los vivos, bajaría a la casa de los muertos y brillaría allá, y su luz haría el desorden. Mis hombres comieron durante seis días. Al séptimo, el viento cesó y lanzamos la nave al mar, pero enseguida las nubes hicieron en el día la noche. Zeus mandó el trueno, y una chispa de su furia hizo inclinar la nave. Los hombres parecían aves que revolotearan sobre el oleaje, alrededor del cascarón del barco. Cayeron y no volvieron a casa. Yo quedé solo, y llegué tarde y roto.

La noche es el centro. El día, la circunferencia. El Sol no es el centro, sino el centinela.

El día es lo suficiente. La noche, lo demasiado.
Siento que estoy sin huesos cuando estoy dormida. Pero no es que lo sienta cuando estoy dormida. No siento eso dormida, ni otra cosa, ni sé entonces que cuanto durará de mí serán mis huesos.

Las palabras que las piedras se dicen entre ellas están llenas hasta los bordes de puntos suspensivos. Juan Rulfo dice: «El Sol sacaba luz a las piedras». Quiero el sol en la piedra, y no el fuego desconfiable de centro vacío. Que se convierta el fuego en agua de sol.
Marcel Proust dice: «Los tallos de oro de su sol reaparecido».
Unos kilómetros más allá, se encuentra el volcán.

La mañana es la inhalación. Despertar, la costa. Tengo que exhalar. La mañana no deja que yo suelte. Quiero una vida de tardes —del momento del doblarse—, y es pedir lo imposible. También en los otros planetas hay mañanas. Creo que quiero, entonces, de repente, una hoguera. Luego, no. Y luego obtendré el velorio, que es un día cálido en medio de la noche, conmigo ausente. Y luego, el Día del Juicio, un día por fin: al fin el camino nuevamente. Mientras tanto, puro vestirse y desvestirse según cuánto sol haya.

El arte es la llamarada que se hace con el Sol aún resplandeciendo, visible, detrás.

El misterio se recorta sobre el nudo del ardor.

«La edad es enemiga del sol», dice una propaganda de cremas que sirven para no asolearse.

Cuando yo descubra el día, apareceré. Al clarear el día encontrado, empezaré a oír mi canción, la que me anuncia y que soy yo misma, y no este canturrear desordenado. Me adelantaré del bosque. Saldré y sonaré. No podré parar de andar. Después de la canción de camino, de la marcha, vendrá la nana, canción para dormir. Pasaré por detrás del día.

Haber estado oculta tal vez no haya sido estar fuera de lugar.

Hay un camino recto y un camino circular. Hay desvíos del camino, pero no cuentan, y cada cosa que se encuentra es un vehículo para andarlos. En cada cosa que uno ve, uno toma el camino como en un carro. Y entre el camino recto y el circular, hay lo sonámbulo y lo insomne. Hay pausas en las que uno se pregunta si esta es la manera de escribir un diario, un libro de cuentas sobre acercarse y alejarse.

El peregrino mide por días su distancia del lugar santo. Llegará para que le sean perdonados sus pecados; para quedar lavado, como cuando nació. Para quedar sin hechos y sin tiempo.

El día de la llegada es el vaciamiento.

O tal vez cada día, cualquier día, es el vaciamiento, el vertimiento de las horas.

De día en día, el peregrino avanza hacia su temporal vacío. Se encamina a convertirse, él mismo, en día. En un día. En su día. Él mismo, a convertirse en el día en que él nace.

La medida del peregrino es la jornada. Él aspira a igualar su tramo de camino recto con el arquearse de la luz. Avanza a la intemperie. Va bajo el sol. Ese es el peregrino. Lo veo: hay un peregrino y no soy yo.

Y hay otro que no es peregrino. Es el hombre que se perdió en la lluvia; aquel con el que otro hombre soñó. Así se llama. Su nombre sale en el sueño y en un cuento, así: «El hombre que se perdió en la lluvia». ¿Caminaba, o se perdió en la lluvia al ver llover por la ventana? No es el hombre en el día y no es el hombre bajo el sol. No trasiega. Hay que repetirlo muchas veces hasta deshacerlo en la cabeza. Hay que decirse hasta entenderlo: «El hombre que se perdió en la lluvia».

Del mismo modo, tendré que decirme «Debo entender qué es el día», hasta gastar el mandato y cancelarlo.

Lloré durante meses. Hice una estación de lluvias. Un día voy a escribir esa historia de llorar. Le vi al llanto la espalda en cada hora. Supe llorar en vez de comer, mientras el peluquero me cortaba el pelo, de pie en la joroba de un país, antes de secarme los ojos con las orejas de mi perra, manejando el carro, y me estrellé, cantando, como lanzando dedos que no te alcanzaban, en el agua, nadando y con anteojos, en una cita con el cirujano. Conozco la intimidad del llanto como si fuera su madre que se casó con él. La mirada que partía de mis ojos era la sombra del llanto que brotaba. A través de las lágrimas, la luz se volvía la deformidad de los objetos. Me perdí y me encontraron por el entusiasmo que ponía en llorar.

Mientras viajábamos, se nos confundieron los días. Solo se zafarían unos de otros y se ensartarían en su collar cuando volviéramos aquí. Mientras siguiéramos, no sabríamos cuántas veces había salido el Sol, ni hacía cuántos soles habíamos pasado por Big Sur o visto el oso negro, pues cada sol se extendía, se expandía y se hacía anfitrión de los otros transcurridos y aun de otros posibles. Durante la carretera, no íbamos a la velocidad del hombre. Pasábamos tan poco rato en cada lugar que todos se convertían en el futuro. Creíamos que hacíamos elástico el tiempo. Pretendíamos sacarle ventaja a nuestra duración. Pretendíamos vivir más. Nos levantábamos a las seis de la mañana y a la medianoche seguíamos haciendo coincidir lugares que se levantaban de la tierra con puntos escogidos en el mapa. Bajábamos de norte a sur por la costa pacífica de América del Norte. Nos deteníamos para estar allá y allá y allá también. Para sentir cómo se sentía. Tratábamos de percibir las diferencias entre los lugares, con la ambición humilde, enamorada, de descubrir que todos eran uno. Si la prisa, el cansancio y la saturación no permitían que nos quedara el recuerdo de lo que visitábamos, entonces al menos los lugares nos inspirarían sueños en las noches venideras: estarían en la reserva del porvenir. En el presente del viaje, nosotros vivíamos solo afuera y hacia fuera. Tocábamos metas y las rebasábamos, y así decíamos que ninguna era la que era. Aquellas imágenes de nuestra fugacidad, los paisajes y los estados de ánimo, debieron quedarse en mi equipaje como mudas del alma. Concebíamos como una oportunidad cada sitio de los varios donde nos presentábamos en un día: una ocasión para la vez siguiente. La experiencia que buscábamos no era un aprendizaje. El hacer el viaje rápido y minucioso no nos enseñaba a ser mejores ni a viajar ni a ver. El viaje no era entrenamiento ni accidente. ¿Qué otra modalidad de la experiencia hay, aparte de esas? ¿El sacrificio? No derivábamos un placer cierto de esa forma de querer verlo todo, sino que era otra cosa. La salida. La enajenación. El transporte, exactamente. El momento de verter un líquido de una jarra y llenar un vaso y derramarlo. Quizás el viaje sí era un sacrificio, una ofrenda que dedicábamos a otro paso de los días, a otra modalidad del movimiento.

Hoy, cuatro de la tarde: es probable que, con cada día que me aleje más del primero, me sea más borroso el día y más difícil entender qué es. Las cuatro de la tarde es un objeto y se parece a un eclipse. El día por un momento se apaga, y el movimiento de las esferas que se hacen sombra arriba —y aquí adentro— se impone sobre el insidioso movimiento diurno de la luz sobre la luz sobre la luz.

Hoy, ocho de la noche: lo de entender el día es más difícil y también más urgente para quienes vivimos en esta latitud de los días casi invariables. Los ecuatoriales tenemos un problema más grave con el Sol.

Se dice en el Génesis:

«En el principio, Dios creó el cielo y la tierra. La tierra era caos y confusión: oscuridad cubría el abismo, y un viento de Dios aleteaba por encima de las aguas.

»Dijo Dios: "Haya luz", y hubo luz. Vio Dios que la luz estaba bien, y separó Dios la luz de la oscuridad;

llamó Dios a la luz "día", y a la oscuridad la llamó "noche". Atardeció y amaneció: día primero».

El tiempo es la luz. El abismo no es el lugar. Mi problema con reconocer el día tiende hacia mi deseo de retroceder al viento que aleteaba sobre el agua. A ese tiempo verbal, el imperfecto antes de que nada pudiera relatarse.

Hasta el cuarto día no creó Dios el Sol: «"Haya luceros en el firmamento celeste, para separar el día de la noche, y sirvan de señales para solemnidades, días y años; sirvan también de luceros en el firmamento celeste para alumbrar sobre la tierra". Y así fue. Hizo Dios los dos luceros mayores: el lucero grande para regir el día y el lucero pequeño para regir la noche, y las estrellas; y los puso Dios en el firmamento celeste para alumbrar la tierra, para regir el día y la noche, y para separar la luz de la oscuridad; y vio Dios que estaba bien. Atardeció y amaneció: día cuarto».

El Sol aparece cuando ya ha habido días. ¿Cómo serían esos días sin el régimen de los luceros? Antes del Sol, en el día tercero, ya había creado Dios la vegetación, con sus semillas dentro de sus frutos. Tal vez para entender el día no es necesario que me someta al Sol, sino que imagine las plantas, como dije antes.

El orden del «Saludo al Sol», de la práctica de yoga, desafía mi memoria, a pesar de su simpleza. Mi cuerpo es desmemoriado. La serie de posiciones que saludan al

Sol incluye una montaña, un perro, una cobra, una pierna y otra pierna, y las manos unidas. Puedo pensar en la montaña, en el perro y en la cobra, ya que no puedo acercarme al Sol, o puedo inventar mi propio saludo, y mover, por ejemplo, solamente el dedo índice de la mano derecha, y hundírmelo en el pecho.

O vivir en el día, expuesta a la radiancia, no es dar una vuelta ni desear el camino recto y transitarlo, sino quedarse quieta, girando por dentro.

Hamlet dice: «Estoy en pleno sol». Está revelada su noche. Matará y se hará matar.

Matarse es inevitable, ya sea por este camino o por el otro.

Vivir el día es saber que uno se ha quedado y dejar que le pase lo que les pasa a los demás.

El trabajo es la medida del día, pero vivir verdaderamente en el día, que es vivir expuesto, sería mendigar.

Estoy en el Polo Norte. Aquí hay seis meses de luz y seis de oscuridad. Por eso mismo, no hay meses, sino un día. El hielo se ha derretido porque los hombres metimos días en las noches: por los años de bombillos encendidos. Un barco pudo atravesar el polo ayer, por primera vez, de un lado al otro de la Tierra. El desastre del calor de años de motores rompió el día.

En la segunda noche que pasé en el barco, soñé que estaba en el norte de Bogotá, en la habitación de una amiga mía que corre maratones. Cada vez que la mañana estalla, a las seis, mi amiga termina su entrenamiento cotidiano. Entrena para viajar a otro país y a otro más, donde recorre, con otros corredores, durante unas horas, las calles de una ciudad cerrada a los vehículos. Aspira a convertir una ciudad en un día. En el sueño yo veía, junto a la cabecera de su cama, su colección de medallas: discos redondos y dorados como soles que caen sobre el pecho. En otra parte del sueño, yo compraba algo en una tienda. Me daban el cambio en monedas que eran medallas de reconocimiento por lo que en el sueño se llamaba mi «participación».

Ahora soy una mulsilla, animal ficticio del Polo Norte, insecto que dura un día de veinticuatro horas, que, al transcurrir en el polo, transcurre solo de noche o solo de día.

Creo que ya dejé el Ártico. Debí volver a los días corrientes: al rosario de sí, no, sí, no, ahora esto, ahora esto otro, ahora otra vez esto. En medio del camino de regreso, me digo: «Yo solo estoy bien cuando estoy cansada». En el momento en que toco la orilla de mi continente, está amaneciendo, pero voy tranquila en el avión, pues planeo dormir durante todo un día después de llegar a casa. No tendré que soportar que el Sol me vea los ojos abiertos. No despertaré hasta que ya esté oscuro de nuevo. La oscuridad permanece abajo, lista para que uno caiga suavemente en ella.

Despierto: se ha ido el sol, y un amigo costeño me canta una canción de bienvenida en el teléfono. Mientras lo escucho, me digo: «No es una canción; es una estación lo que me están cantando». Luego comentamos, en el teléfono, que hay unos pueblos, en la región de mi amigo, donde la fiesta empieza a la madrugada. La fiesta despierta a la gente.

«Acordar» es estar de acuerdo, que es querer lo mismo o pensar lo mismo, y despertar se dice también «acordarse» y significa volver a unirse con el corazón. Mientras se está dormido, el corazón deambula.

La vida empezó a ser, para mí, dormir. El momento de dormirme: ese irme. Siempre quería seguir durmiendo. Luego caí en la cuenta de que cada día empezaba en lo oscuro, a medianoche, sin que yo lo advirtiera, y dormir no bastó para no tener miedo.

Un día, quise hacer del día un relato. Entonces, acompañé a mi amigo de la Costa a buscar casa. Un día es una casa. A cada hora en punto teníamos una cita para visitar un apartamento. Una hora es un apartamento. Vimos uno que tenía la cocina muy vieja: nueve de la mañana. Entramos en uno cuyas ventanas estaban a solo un metro de distancia de las paredes del edificio vecino: diez de la mañana. A las once, vimos uno demasiado pequeño, donde no habrían cabido los libros de mi amigo. A las doce, uno que daba a la altura exacta de los cables enredados de la luz. Cada hora era una vida descartada, y un día para imaginar cómo vivir de otra manera.

Pensé en una casa de muchos cuartos. En cada uno se practicaba un oficio, y todo lo que se fabricaba según los oficios se destinaba a embellecer y a mejorar la casa. Se hacía mucho ruido, que ahuyentaba a los fantasmas y a los ladrones, que son los dos tipos de gente que amenazan una casa. Contra el exceso de ruido no se usaba el silencio, sino el murmullo.

El día es lo que hay. Cada día es el día en que todo ocurre. Sé que el día deseado es el de ver al amado todos los días, todos. También sé que el día es la mitad de lo que hay. El día es el mediodía, y hoy sentí, por un momento —que es, también, medio momento—, que esta vida, en esta persona que ocupo, es la mitad. Yo estaba acostaba bocarriba, siendo como el horizonte.

El día es el tiempo que la Tierra tarda en dar la vuelta alrededor de sí misma, o sea, el tiempo que la Tierra tarda en no hacer nada. El día no es nada. El tiempo es dar una vuelta sobre el propio eje, de modo que al final de la vuelta se quede uno mirando al mismo lugar que cuando el tiempo empezó a correr. El tiempo es lo que media entre ver, no ver y volver a ver. Y el Sol ve la Tierra y hace que en ella crezcan la hierba y la vaca que rumia y duerme. La preciosa, infatigable, majestuosa, única vaca: mi amor por el verbo «remudiar».

Lamenté que los colibríes no vinieran a visitar mi jardín. Hacía un año había visto un nido en la rama baja de un níspero (como son todas las ramas de aquel níspero, aún joven). Era redondo, y adentro estaba el pichón gordo, que lo llenaba. Sus plumas marrones de colibrí nuevo empezaban a verdecer para convertirse en resplandecientes. Sobre el pardo de gorrión de tierra, se predecía el verde solar. Él se ensanchaba y se contraía respirando, y el nido, tan ceñido a su volumen, lo agarraba como un puño. En el suelo había un huevo sin empollar, hermano y falla, como un capullo de seda. Agradecí que los colibríes hubieran elegido una casa cerca de mi casa, que en ese momento estaba en construcción; que esa casa suya prodigiosa, adecuada, provisional y pequeña, estuviera junto a mi futura casa.

Las personas a quienes les comenté, un año después, que quería que los colibríes volvieran, me aconsejaron que plantara acantos, que son las plantas cuyas hojas están en los capiteles de las columnas corintias, y abutilones colorados. En algún momento de la madrugada, me despertó un búho que decía su sílaba tres veces. La imité en la mente para aprendérmela. Pensé en salir de la casa y encontrarlo, pero enseguida pensé que no lo vería en la oscuridad, y más bien lo espantaría. Oí el canto entonces un poco más lejos. Tal vez el búho había pasado de mi techo a un árbol cercano. Se alejó más, y volvió a cantar. Volví a dormirme mientras lo oía muy alto, más tenue.

En la primera hora tibia de la mañana, sentí en la entrada de mi casa, ya construida, un alboroto de pasos y de golpes. Había alguien en la puerta, o cerca de la puerta, pero yo no veía ningún cuerpo. Me sobresalté porque no esperaba a nadie, pero supe, por una especie de petición que el sonido traía, que no había un invasor; que a la casa no vendría nadie a quien yo no quisiera cuidar.

Dalia ladró y me dirigió la vista hacia un continuo de alas y un reflejo azul, y supe que había entrado un pájaro. Y era una mala noticia, aunque fuera un pájaro: yo tenía que salir pronto para cumplir una cita, e iba a ser difícil mostrarle al cautivo dónde era afuera y dónde adentro y cómo irse.

Se posó en el marco de una ventana alta. Desde abajo alcancé a ver el pico fino y larguísimo, y supe entonces lo que era: un colibrí posado: no creo haber visto eso nunca antes. Lo espanté de allí para que encontrara la salida por donde se había metido, y él se suspendió en el aire, con el vuelo quieto y fulgurante de los colibríes, motor inmóvil ante mí, y me pareció verlo grandísimo, de un metro al menos, como se ve el loro de Félicité en «Un corazón simple».

Empecé a hablarle, a pedirle que viera que tenía que salir. Le dije que la ventana estaba abierta y qué cosa era una ventana. Traté de convencerlo de que podía volver afuera, de que hiciera caso y se aquietara, y le conté que el vidrio no era el aire que se le había puesto firmemente en contra, sino un invento del arte: aire duro, irrespirable. Encerré a Dalia en una habitación, para que no lo angustiara con su ansia. Abrí todas las ventanas de la casa y mezclé, en una taza, agua con azúcar para atraerlo a liberarse. Lo perdí de vista. Lo busqué en las repisas y en el techo, y lo encontré abajo, en el suelo, al fondo del corredor, posado junto a la puerta tras la que lo quería la perra.

Me acerqué segura de que saldría volando y no podría atraparlo, pero él se dejó agarrar sin aspaviento. Supuse que lo hacía porque tenía un ala rota o algún otro daño grave. Salí al campo llevándolo en la mano cerrada. En el jardín la abrí, y vi cómo él tenía las garras empuñadas. Le di un beso pequeño en la nuca. Cerró los ojos, y estuve segura de que estaba a punto de morir. Abrió los ojos y volvió a cerrarlos despacio, extenuado. Hizo eso varias veces: volvía a abrir el ojo lúcido, negro y brillante, fiero, amonestador de tan vivo, amonestador de la fatiga, y a fijarlo en mi ojo. Entonces entendí que él era alguien. Y este serio prodigio: tener un colibrí, algo que nunca había visto más que en fugacidad e inquietud, quieto en mi mano y encendido. Extendió los dedos y pareció relajarse. Lo acaricié y me puse a guardar en la memoria la iridiscencia de sus plumas, verdes y azules, y la franja violeta del cuello; sobre todo esa franja, ese collar en el que yo había puesto el beso, que era un rayo de lujo en el animal diminuto y abatido. Era la revelación de un color. Pensé que la escena se había desenvuelto para que se viera bien ese color que él traía y era.

Se me cayeron los anteojos, por estar agachada, y entonces él se asustó y echó a volar: no tenía el ala rota. Estaba bien, todo bien, todo entero. Solo había tenido fe en mí, como yo le había suplicado.

Cuando voló, y la mano me quedó vacía de aquel calor y de aquel tiempo —de la evidencia de que alguien había entrado y salido de mi casa, y me había dejado la intuición de lo que significa ser alguien, presentarse en el día y llenar de color la mano de otra—, pensé que acababa de pasarme lo mejor que me pasaría: la lección de la liberación por la confianza. Él, que no había sido mi amigo y se había ido, me ayudaría a salir de los lugares que me cautivaran; de los cristales peligrosos, de los cielos que se transforman en pared. Me fue dado ese rato de aire, la respiración mía en sus llegadas alas, el ojo volador en mi ojo humano, esa compañía de la mañana. Esa otra forma del Sol.